Le Sens de la Vie
Réincarnation et Liberté

DALAI-LAMA

Dalaï-Lama
Tenzin Gyatso, XIVe Dalaï-Lama

Le Sens de la Vie
Réincarnation et Liberté

Enseignements traduits du tibétain en anglais
par Jeffrey Hopkins

Traduits et rédigés en français
par Michel Cool et Pierre Lafforgue

Éditions J'ai lu

Titre original :

THE MEANING OF LIFE
from a Buddhist Perspective

Édition originale américaine :
Copyright © Tenzin Gyatso & Jeffrey Hopkins
Published by Wisdom Publications, Boston (U.S.A.), 1992

Pour la traduction française :
© Éditions Dangles, Saint-Jean-de-Braye (France), 1996

Sommaire

Sommaire

Avant-propos

La Fondation Richard Gere est heureuse d'avoir aidé l'édition aux États-Unis de cet ouvrage majeur de Sa Sainteté le Dalaï-Lama paru en 1993 sous le titre : *The Meaning of Life from a Buddhist Perspective.*

Prix Nobel de la Paix 1989, le Dalaï-Lama est universellement reconnu comme l'un des plus grands maîtres (amis) spirituels. Il est le successeur d'une lignée de Grands Maîtres ininterrompue depuis deux mille cinq cents ans, dont la source est le Bouddha historique. Ses quarante-cinq années de responsabilités conjointes de guide spirituel et de dirigeant politique sont uniques à notre époque. Brillant érudit, ses paroles et sa connaissance nous emmènent au-delà de la théorie. Ses Enseignements sont fondés sur une expérience concrète et éprouvée, une vie consacrée à la non-violence, à la paix, aux droits de l'homme, à l'évolution sociale et à l'amélioration de l'esprit et du cœur de l'être humain. Ces excellentes qualités n'ont pu être atteintes que par son attitude d'absolue non-violence, insensible au doute et à la peur, elle-même guidée par une sagesse transcendante et un altruisme universel indécourageable.

« Ma religion est bienveillance », dit-il souvent.

Depuis l'invasion du Tibet indépendant en 1950 par les Chinois, et son exil bouleversant en Inde en 1959, Sa Sainteté a œuvré sans relâche pour protéger son peuple du génocide systématiquement organisé, qui a déjà tué un million deux cent mille Tibétains – le cinquième de la population y vivant au moment de l'invasion. Cette capacité à rester fidèle, à incarner, à donner vigueur aux principes bouddhistes même sous la pression d'une extrême adversité, la patience et la compassion sans faille qu'il manifeste envers ceux qui continuent à détruire son pays sont la marque d'un Bodhisattva authentique et digne de confiance. Pour nous tous, ce livre est une merveilleuse occasion de prendre contact avec les enseignements philosophiques bouddhistes.

La Fondation Richard Gere est fière d'être associée à Sa Sainteté et à son message de responsabilité universelle et de paix. Elle est heureuse de soutenir Wisdom Publications[1] dans ses efforts pour faire connaître de tels idéaux. Puisse cet ouvrage contribuer à ce que tout être obtienne le bonheur et les causes du bonheur.

Richard GERE
New York

1. Éditeur original américain (*N.d.É.*).

Préface

Pourquoi sommes-nous dans cette situation ? D'où venons-nous ? Comment vivre notre vie ? A-t-elle un sens ? Au printemps de 1984, Sa Sainteté le Dalaï-Lama répondit, selon la perspective bouddhiste, à des questions de cette nature dans une série de conférences à Londres, au Camden Hall. En cinq sessions réparties sur trois jours, il a présenté les bases d'une vue d'ensemble du bouddhisme : comment il analyse la condition humaine en ce monde, et comment les êtres humains peuvent donner un sens profond à leur vie.

Les conférences présentèrent en détail la valeur de l'existence humaine, en attirant l'attention sur les causes antérieures de l'actuelle situation, autant que sur le dessein altruiste en lequel elle peut être transformée. Destinées à l'origine à un auditoire déjà avancé dans la connaissance du bouddhisme, ces conférences clarifient la présentation de cette cosmologie psychique intérieure qui imprègne si profondément toute l'Asie. En suivant cette description concrète de la manière dont nous sommes pris dans un courant de souffrance qui nous gâche l'existence, on peut commencer à comprendre les raisons de la place que les bouddhistes accordent à la vie humaine en ce monde. L'inquiétante description des différents degrés de pièges et d'embûches est en fait une invitation à réagir en observant comment, lorsque l'on a appris à retourner le processus, la petite prison de l'égoïsme peut être transformée en une source d'aide et de bonheur pour tous les autres êtres.

La façon dont ce processus se joue au tréfonds de nos vies se trouve dans cet enseignement du Dalaï-Lama et dans ses réponses aux questions des participants à chaque début de conférence. Il reprit dans le cours de son exposé, pour les expliciter, les questions primordiales du public, et détailla nombre de problèmes complexes.

L'intelligence du Dalaï-Lama, son esprit et sa bienveillance imprègnent ses conférences. Son appel incessant à la recherche de solutions pacifiques à nos problèmes individuels, familiaux, nationaux et internationaux, invite à nous associer à cet art de vivre particulier. Il exprime clairement que les idéologies, de quelque nature qu'elles soient, doivent être exclusivement utilisées pour le service des êtres vivants. Mais il dit aussi aux êtres humains qui l'entendent, que l'idéologie ne doit être utilisée que pour l'amélioration et le perfectionnement individuels, seule base solide du bonheur de l'humanité.

Jeffrey HOPKINS
(Université de Virginie)

Jeffrey Hopkins est professeur d'étude des religions à l'université de Virginie, où il enseigne le bouddhisme indo-tibétain et la langue tibétaine. Il est diplômé de l'université de Harvard (1963), a étudié cinq années au Centre d'études du bouddhisme tibétain du New Jersey et fut diplômé en philosophie bouddhiste de l'université du Wisconsin en 1973. Il a publié plus d'une douzaine de thèses et huit livres, dont le principal est *Méditations sur la Vacuité*. À l'université de Virginie, il est directeur du Centre d'études sud-asiatiques, et a créé des programmes pour les études du bouddhisme et de la langue tibétaine. De 1979 à 1989, il était responsable de la traduction des conférences et des Enseignements que le Dalaï-Lama a donnés aux États-Unis, au Canada, en Asie du Sud-Est, en Grande-Bretagne et en Suisse. Ses huit livres ont été rédigés en collaboration avec le Dalaï-Lama. Il est l'auteur d'un ouvrage d'analyse sur la doctrine tibétaine de la vacuité, selon l'école *chittamatra*.

Préface de l'édition française

La compassion sans faille que le Dalaï-Lama manifeste envers ceux qui continuent à détruire son pays et son peuple incite à l'admiration et à la confiance. Pour nous tous, ce livre est une excellente occasion de mieux connaître cet homme singulier et ses enseignements. La mise en pratique des valeurs tibétaines se traduit dans l'attitude politique du Dalaï-Lama, exemple vivant de recherche de solutions justes et pacifiques à un conflit.

Nous sommes ici invités à découvrir que le bouddhisme est moins une religion qu'une philosophie, une science de l'esprit nous incitant à être constamment vigilant sur la manière dont nos pensées, actions et motivations se manifestent. Les réflexions qu'il suscite peuvent nous engager dans une recherche intérieure de notre propre fonctionnement mental, et nous faire découvrir la réelle possibilité que nous avons de nous améliorer, pour le bien d'autrui et du monde.

C'est cet aspect que le Comité Nobel avait reconnu :

« Le Comité a décidé d'attribuer le Prix Nobel de la Paix 1989 au quatorzième Dalaï-Lama, Tenzin Gyatso, chef spirituel et temporel du peuple tibétain. Le Comité souhaite souligner le fait que le Dalaï-

Lama, dans son combat pour la libération du Tibet, s'est toujours opposé à l'usage de la violence. Au contraire, il a toujours choisi et préconisé des solutions pacifiques fondées sur la tolérance et le respect mutuel, afin de préserver l'héritage historique et culturel de son peuple.

« Le Dalaï-Lama a développé sa philosophie pacifique sur une immense attention à tout ce qui est animé par la vie et sur le concept de responsabilité universelle envers l'humanité et la nature.

« L'opinion du Comité est que le Dalaï-Lama apporte ainsi des propositions constructives d'avant-garde pour la résolution des conflits internationaux, les questions des droits de l'homme et les problèmes écologiques mondiaux. »

Ce livre doit permettre de sensibiliser plus largement au sentiment de liberté et de fraternité entre tous les êtres humains qu'on retrouve à la base des Enseignements du Bouddha, et de commencer à faire partager une réelle solidarité nécessaire à l'évolution du monde.

Cette base de solidarité universelle, le Dalaï-Lama l'exprime souvent d'une boutade : « Chacun doit construire son propre avenir de ses mains, sans s'en remettre au Roi, au Tsar, à l'État ni même à Dieu. »

Nous sommes persuadés que ce livre permettra au plus grand nombre d'apprécier la richesse de la philosophie et de la tradition spirituelle tibétaines.

Paris,
août 1996

Ont accordé leur signature à cette préface :

Françoise Bonardel,
> *philosophe des religions, Paris I-Sorbonne*

Françoise Chatelin,
> *mathématicienne, Paris IX-Dauphine*

Barbara Hendricks

Jacques Chaban-Delmas

Jack Lang

Bernard Kouchner,
> *député européen, président de la Commission de développement de l'Union européenne, président-délégué de Radical*

Louis de Broissia,
> *député, président du Groupe d'Étude sur les problèmes du Tibet de l'Assemblée nationale*

Claude Huriet,
> *sénateur, président de l'Association des Amitiés parlementaires pour le Tibet du Sénat*

Jean-Pierre Kucheida,
> *député, vice-président du Groupe d'Étude sur les problèmes du Tibet de l'Assemblée nationale*

Jean-Michel Bélorgey,
> *ancien député, cofondateur du Groupe d'Étude sur les problèmes du Tibet de l'Assemblée nationale*

Jean Delumeau,
> *professeur honoraire au Collège de France, membre de l'Institut*

Jean Malaurie,
> *directeur d'études à l'École des Hautes Études en sciences sociales (Paris), directeur de recherche émérite au CNRS*

Alain-Dominique Perrin

Henri Cartier-Bresson

Jean-François Revel

Yves Duteil

Fabien Ouaki

Michel Jonasz

Florent Pagny

Jean-Claude Carrière

Jean-Jacques Annaud

Bernard Besret,
> *docteur en théologie*

Guy Pelletier,
> *astrophysicien, professeur à l'université Joseph-Fourier de Grenoble et membre de l'Institut Universitaire de France.*

Contexte

Le Dalaï-Lama offre ici une vue d'ensemble précise et pénétrante de la théorie de la réincarnation, en attirant particulièrement notre attention, comme il le fait toujours conformément à l'optique bouddhiste, sur les pratiques de l'amour, de la bienveillance et de la responsabilité universelle qui échoient à chaque être humain. En présentant l'un des enseignements fondamentaux du bouddhisme, les *douze liens d'interdépendance*, qui sous-tendent le cycle des existences, il indique ce qu'est la voie spirituelle bouddhiste en esquissant les grandes lignes des théories et des pratiques.

Le résultat est une perspective originale, dans un style très direct qui exprime une exubérante joie de vivre et une authentique affection pour chacun, sans rien éluder pourtant du sérieux et de la profondeur des sujets traités.

Beaucoup de temps s'est écoulé entre les conférences et leur présentation dans ce livre. Elles s'adressaient à l'origine à un auditoire averti et dans un style informel propre aux enseignements oraux, ce qui a nécessité un patient travail de traduction et de style d'adaptation pour refléter aussi fidèlement que possible la pensée du Dalaï-Lama.

Cet ouvrage présente une première approche rationnelle panoramique du bouddhisme, dans sa forme tibétaine qui en est la plus complète puisque comprenant tous les enseignements essentiels des différentes traditions bouddhistes existant actuellement au monde. Il n'est pas simple de restituer cette vue d'ensemble, susceptible de donner une compréhension solide, dans des termes et des formulations aussi proches que possible de ce que le Dalaï-Lama aurait lui-même exprimé s'il parlait français.

Aux États-Unis, c'est Richard Gere qui, par la Gere Foundation, a aidé ces dernières années les travaux de traduction, d'adaptation et de publication. Pour la francophonie, « Alliance Tibet-France » assume cette responsabilité grâce à la générosité et à l'altruisme qu'elle rassemble. Constituée de Français et de Tibétains, elle n'aurait pu réussir sans l'aide précieuse et le concours actif de personnalités et de participants anonymes. Doivent être ici remerciés l'éditeur et la directrice de collection pour leur réceptivité aux conditions particulières de ce travail, ainsi que Colette et Christian Emaille, Françoise et Anne Crozier, Sonia Deffrennes et Hilka Le Carvennec, qui lui ont accordé une aide déterminante.

Doivent être aussi remerciés les lamas tibétains résidant en France, dans d'autres pays d'exil ou au Tibet, pour leur qualité d'enseignement et la perpétuation de leur pensée philosophique.

Alliance Tibet-France,
Paris

Remarques

La transcription des mots sanskrits et tibétains adoptée ici est volontairement simple. Elle a été conçue pour une lecture fluide. La transcription complète et les signes diacritiques ont été abandonnés, inutiles aux non-spécialistes et connus des spécialistes. La translittération est phonétique, et les seules particularités à signaler sont :

SH	qui se prononce CH
S	qui se prononce CE
CH	qui se prononce TCH

ainsi que les pluriels des mots d'origine étrangère, qui n'en prennent pas la marque, à l'exception de quelques termes devenus usuels en français.

Les notes de bas de page ont été évitées. Les explications nécessaires se trouvent immédiatement entre parenthèses ou dans le glossaire : la majeure partie des termes en italique y sont expliqués.

L'option a été prise de mettre aussi en italique certains mots ou concepts, même non explicités dans le glossaire, de manière à rappeler les décalages de vocabulaire et la difficulté de transposition.

Pour autant, cette position n'est pas systématique :
dès qu'une notion a été explicitée à plusieurs
reprises, l'italique est alors abandonnée dans la
suite du texte.

Les traducteurs se sont efforcés de rendre acces-
sible ce texte tout en respectant son sens profond.
Ils vous prient par avance de bien vouloir les excu-
ser si des erreurs ont été malgré tout commises ou
si toute la subtilité des explications n'a pu être
transmise.

1

Le monde
selon la Vue bouddhiste

Tout d'abord, permettez-moi de dire quelques mots à l'intention des pratiquants bouddhistes sur la *motivation* d'esprit à développer avant d'écouter une conférence de nature spirituelle ou religieuse : une *motivation* positive est importante. Si nous nous entretenons de sujets spirituels, ce n'est certainement pas pour acquérir l'argent, la renommée ou pour nous assurer un quelconque autre moyen d'existence en cette vie. Bon nombre d'autres activités peuvent combler ces besoins immédiats. La raison principale de notre présence ici, à Camden Hall, vient d'une préoccupation portant sur le long terme.

Il est un fait que chacun d'entre nous souhaite le bonheur et ne veut pas souffrir, il n'y a pas d'ambiguïté à ce propos. Par contre, il y a divergence sur les façons d'accéder au bonheur et de résoudre les problèmes. Il existe de nombreux types de bonheur et de chemins pour y parvenir ; de même, il y a une grande variété de souffrances et de façons d'y remédier. En tant que bouddhistes, nous ne recherchons pas seulement un soulagement et des bienfaits temporaires, mais des résultats fiables à long terme. Les bouddhistes ne sont pas seulement concernés par cette vie-ci, mais aussi par celles qui suivront, quasi indéfiniment. Nous ne comptons pas les semaines, les mois ou les années, mais les vies et les *éons*.

L'argent a une utilité, mais elle est limitée. Parmi les puissances et les possessions du monde, il existe assurément de bonnes choses, mais qui ont elles aussi leurs limites. D'un point de vue bouddhiste par contre, le développement mental peut progresser de vie en vie, car la nature de l'esprit est telle que les qualités mentales développées sur une base ferme ne peuvent plus être perdues. Il est même possible de les accroître. De fait, quand elles ont été développées une fois de manière adéquate, les qualités de l'esprit, non seulement demeurent, mais peuvent s'accroître indéfiniment. C'est pour cette raison que la pratique spirituelle apporte tout à la fois le bonheur à long terme, et jour après jour une plus grande force intérieure.

Aussi, prêtez grande attention aux sujets qui seront discutés ; écoutez avec une *motivation pure* – et sans dormir ! Pour moi qui vais vous parler, la meilleure *motivation* est aussi un sentiment sincère d'altruisme, totalement dévoué au bien-être d'autrui.

La Vue et la Conduite

La méditation est nécessaire au développement des qualités mentales. L'esprit peut assurément être amélioré, et la méditation est un moyen de réaliser cette transformation. La méditation est une activité de l'esprit consistant à le familiariser, à l'habituer à un objet ou à une signification. Fondamentalement, cela signifie s'accoutumer à l'objet sur lequel on médite.

Il y a deux types de méditation : la *méditation analytique* et la *méditation de concentration*. La première consiste à analyser un objet, la seconde à stabiliser l'esprit sur cet objet. On distingue aussi deux méthodes, tant pour la méditation analytique que pour la méditation de concentration :

1. Celle consistant à prendre un objet de méditation, comme l'impermanence, en tant qu'objet de l'esprit, pour réfléchir et l'examiner plus intensément.

2. Celle où l'on cultive une attitude mentale, comme l'amour par exemple, auquel cas l'esprit se transforme en la nature de l'objet médité.

Pour bien comprendre le but de la méditation, il est utile de connaître les pratiques de la *Vue* et celles de la *Conduite*. Le facteur le plus important est la *conduite*, car il induit à la fois notre propre bonheur et celui des autres, dans le futur. Mais pour que la *conduite* soit *pure* et parfaite, il est nécessaire d'avoir une *vue* juste. Le comportement (*conduite*) doit être correctement fondé sur la raison : il est donc primordial de s'assurer une *vue* philosophique juste.

Quel est le but ultime des pratiques bouddhistes concernant le *comportement* ? C'est de devenir maître de son continuum mental – il s'agit de devenir véritablement *non violent*. D'une manière générale, dans le bouddhisme on distingue deux *véhicules*, ou modes de pratique : le *grand véhicule* et le *petit véhicule*. Le *grand véhicule* se rapporte principalement à la compassion altruiste d'aider tous les autres êtres, et le *petit véhicule* à l'attitude de ne porter aucun préjudice à autrui. La racine commune de tous les Enseignements est donc la *compassion*. L'excellente doctrine du Bouddha a son origine dans la compassion et le Bouddha, qui enseignait ces principes, est dit lui-même être né de la *compassion*. Cette *grande compassion* est la qualité principale d'un Bouddha ; c'est cette attitude constante de protection et d'aide altruiste qui justifie la *prise de refuge* auprès d'un Bouddha.

La *Sangha* – littéralement : « communauté vertueuse » – est constituée de ceux qui, pratiquant de manière appropriée cette doctrine, aident autrui à trouver *refuge*. Ils ont quatre qualités principales qui sont :

1 : lorsqu'on leur nuit, ils ne répondent pas par la violence ;

2 : lorsque l'on manifeste de la colère à leur égard, ils ne réagissent pas par la colère ;

3 : lorsqu'on les injurie, ils ne répondent pas par l'insulte ;

4 : lorsqu'on les accuse, ils ne répliquent pas.

Ce comportement est caractéristique d'un moine ou d'une nonne : il est le résultat de la *compassion*. De même, les qualités primordiales de la communauté spirituelle (*Sangha*) découlent également de la *compassion*. En ce sens, les trois *refuges* d'un bouddhiste (*Bouddha*, *Dharma* et *Sangha*) sont chacun fondés sur la *compassion*.

Toutes les religions ont en commun de préconiser la pratique de la compassion. Le comportement fondamental de *non-violence*, inspiré par la compassion, n'est pas seulement nécessaire dans nos vies quotidiennes, mais aussi de nations à nations, de par le monde entier.

En ce qui concerne la *Vue* bouddhiste, l'*interdépendance* est un principe de philosophie commun à toutes les écoles, même si elles n'en ont pas la même interprétation. En sanskrit, le mot utilisé pour « interdépendance » est *pratityasamutpada*. *Pratitya* a trois sens différents – rencontrer, s'appuyer sur et dépendre – mais tous trois, en leur sens fondamental, signifient la dépendance. *Samutpada* veut dire se produire. Par conséquent, le sens de *pratityasamutpada* est *ce qui se produit en dépendance de certaines conditions,* en s'appuyant sur certaines conditions, à travers la force de certaines conditions. À un niveau subtil, l'*interdépendance* est présentée comme la raison principale de l'*absence d'existence propre des phénomènes.*

Pour pouvoir réfléchir au fait que les choses, les *phénomènes* sont vides d'existence inhérente parce qu'ils sont produits en dépendance, il est nécessaire d'abord d'identifier parfaitement ces *objets* en tant que causes du bonheur ou de la souffrance, du plaisir ou du déplaisir, etc. Si on ne comprend pas bien la *loi de causalité* – la *loi de cause à effet* –, il est extrêmement difficile de prendre conscience que les phénomènes sont vides d'existence propre, en raison du fait qu'ils sont produits en dépendance. Il est nécessaire de comprendre la *loi de cause à effet,* parce qu'elle est la base à partir de laquelle leur *vacuité* doit être comprise, en raison de leur *production interdépendante*. Voilà pourquoi Bouddha enseignait le concept de l'*interdépendance* associé à celui de la *loi de causalité* dans le processus des existences cycliques, en sorte de pouvoir obtenir une compréhension profonde de la *loi de cause à effet*.

Un niveau d'*interdépendance* est en rapport avec la *loi de causalité* et se trouve décrit dans l'enseignement des *douze liens interdépendants* des vies dans le cycle des existences : l'*ignorance initiale*, les *formations karmiques*, la *conscience*, le *« nom et la forme »*, les *bases de connaissance* (organes des sens), le *contact*, la *sensation*, la *soif* (désir), la *saisie* (préhension), le *devenir* (*karma* à maturité), la *naissance* et *« la vieillesse et la mort »*. Un autre et deuxième niveau plus subtil de *liens interdépendants* s'applique aussi à tout objet : chaque phénomène est établi sur la base de parties constituantes dont il dépend. Tout phénomène est composé de parties qui le constituent, et est *imputé en dépendance* de ces parties.

Puis il existe un troisième niveau, le plus profond, où les phénomènes sont simplement imputés par des termes et des concepts en dépendance de leur *base d'imputation*. Quand on recherche un objet sur sa *base d'imputation*, on ne peut rien trouver qui soit réellement l'objet imputé : les phénomènes sont simplement produits en dépendance, en ce sens qu'ils sont désignés en dépendance de leurs bases d'imputation. Le premier niveau d'interdépendance se réfère à la production des phénomènes composés en dépendance de *causes* et de *conditions*, et ne s'applique donc qu'aux phénomènes produits, donc impermanents. Les deux autres niveaux d'interdépendance s'appliquent autant aux *phénomènes permanents* qu'aux *phénomènes impermanents*.

Quand Bouddha enseigna les *douze liens d'inter-dépendance*, il en parla selon une vaste perspective et pour un champ d'application général. Il a présenté les douze liens en détail dans le *Salistambasutra* (*Soutra du plant de riz*) qui, comme d'autres enseignements, se présente sous la forme de questions-réponses. Dans ce soutra, Bouddha parle de l'interdépendance de trois façons :

1. En raison de l'existence de ceci, cela apparaît.

2. En raison de la production de ceci, cela se produit.

3. Il en va ainsi : en raison de l'*ignorance initiale* se produit la *formation karmique* ; en raison de la *formation karmique* se produit la *conscience* ; en raison de la *conscience* se produit *le nom et la forme* ; en raison du *nom et la forme* se produisent les *bases de connaissance* ; en raison des *bases de connaissance* se produit le *contact* ; en raison du *contact* se produit la *sensation* ; en raison de la *sensation* se produit la *soif* (désir) ; en raison de la *soif* se produit la *saisie*. Cette *saisie* mène à un *karma* nommé le *devenir*. Ce *devenir* provoque la *naissance*, et cette *naissance* nous entraîne vers la *vieillesse et la mort*.

Par sa première affirmation : « En raison de l'existence de ceci, cela apparaît », Bouddha indique que les phénomènes de l'existence cyclique ne se produisent pas par la force supérieure d'une déité permanente, mais proviennent de conditions spécifiques : des effets particuliers n'adviennent qu'en présence de causes et de conditions spécifiques.

Par sa deuxième affirmation : « En raison de la production de ceci, cela se produit », Bouddha indique qu'un phénomène permanent non produit, tel que l'*entité fondamentale* proposée par le système *Samkhya*, ne peut remplir la fonction de créateur des effets. Plus précisément, les phénomènes de l'existence cyclique proviennent de conditions impermanentes par nature.

Alors se pose la question : si les phénomènes de l'existence cyclique sont produits par des conditions impermanentes, le sont-ils par n'importe quel facteur impermanent ? Il n'en va pas ainsi, et c'est pour cette raison que Bouddha indique dans la troisième phrase que les phénomènes de l'existence cyclique ne sont pas produits par n'importe quelle cause ou condition impermanente, mais plutôt par des causes et conditions spécifiques qui ont le potentiel de créer des phénomènes bien précis.

Enseignant les *liens de production interdépendante* de la souffrance, Bouddha montre que la souffrance a sa cause originelle dans l'*ignorance initiale* – au sens d'obscurité mentale, de non-connaissance. Cette erreur fondamentale, source de confusion, produit une action (*karma*) qui dépose dans l'esprit un *potentiel* qui générera de la souffrance par la production d'une nouvelle vie dans le cycle des existences. Cela produira comme résultat final le dernier lien d'interdépendance, la souffrance de la *vieillesse et de la mort*.

Pour expliquer les douze liens d'interdépendance, deux modes d'exposition sont utilisés : l'un pour les *phénomènes impurs* (contaminés par les *facteurs perturbateurs*) et l'autre pour les *phénomènes purs*. Comme dans les *quatre nobles vérités*, fondement de l'Enseignement du Bouddha, deux groupes de causes et d'effets sont distingués : celui de la classe des *phénomènes contaminés* et celui de la classe des *phénomènes purs*. C'est pour cela que les *douze liens d'interdépendance* indiquent des processus à la fois pour les phénomènes contaminés et pour les phénomènes purs. Parmi les *quatre nobles vérités*, la *vérité de la souffrance* – la *première vérité* – est considérée comme *résultat* dans la classe des phénomènes contaminés, et la *vérité de l'origine* – la *deuxième vérité* – en est la *cause*. Dans la classe des phénomènes purs, la *vérité de la cessation* – la *troisième vérité* – est *résultat* dans la classe des phénomènes purs, et la *vérité du chemin* – la *quatrième vérité* – en est la *cause*. De façon analogue, quand les douze liens d'interdépendance expliquent que le conditionnement par l'*ignorance initiale* produit la *formation karmique*, etc., l'explication est donnée par rapport à la classe des phénomènes contaminés, et lorsqu'il est expliqué que la cessation de l'*ignorance initiale* entraîne la cessation de la formation karmique, et ainsi de suite, c'est par rapport à la classe des phénomènes purs. La première est *la voie de la production de la souffrance* et la seconde *la voie de la cessation de la souffrance*.

Autrement dit, les douze liens d'interdépendance sont exposés soit dans l'ordre du processus de *production* de la souffrance, soit dans l'ordre du processus de *purification* ; et chacun d'eux est aussi présenté selon l'ordre d'enchaînement progressif et son ordre inverse.

Ainsi, dans l'ordre progressif du *processus de production* de la souffrance, il est exposé que :

– à cause de l'ignorance initiale, apparaissent les formations karmiques ;

– à cause des formations karmiques, apparaît la conscience ;

– à cause de la conscience, apparaît « le nom et la forme » ;

– à cause du « nom et la forme », apparaissent les bases de connaissance ;

– à cause des bases de connaissance, apparaît le contact ;

– à cause du contact, apparaît la sensation ;

– à cause de la sensation, apparaît la soif ;

– à cause de la soif, apparaît la saisie ;

– à cause de la saisie, apparaît le devenir (le *karma* à maturité) ;

– à cause du devenir, apparaît la naissance ;

– à cause de la naissance, apparaît « la vieillesse et la mort ».

Cet enchaînement décrit l'intégralité du *processus de création* de la souffrance et sert de support à l'explication des origines de la souffrance.

Dans l'ordre inverse, le *processus de création* est exposé ainsi :

– les souffrances indésirables de la vieillesse et de la mort sont produites en dépendance de la naissance ;

– la naissance est produite en dépendance de la maturation des *karma* : le devenir ;

– le devenir est produit en dépendance de la saisie ;

– la saisie est produite en dépendance de la soif ;

– la soif est produite en dépendance de la sensation ;

– la sensation est produite en dépendance du contact ;

– le contact est produit en dépendance des bases de connaissance ;

– les bases de connaissance sont produites en dépendance du « nom et la forme » ;

– « le nom et la forme » est produit en dépendance de la conscience ;

– la conscience est produite en dépendance des formations karmiques ;

– les formations karmiques sont produites en dépendance de l'ignorance initiale.

En ce sens, l'accent est mis sur la première des *quatre nobles vérités* : les souffrances elles-mêmes, qui sont des effets.

Dans la perspective du *processus de purification*, l'enchaînement est ainsi exposé :

– quand l'ignorance initiale cesse, les formations karmiques cessent ;

– quand les formations karmiques cessent, la conscience cesse ;

– quand la conscience cesse, « le nom et la forme » cesse ;

– quand « le nom et la forme » cesse, les bases de connaissance cessent ;

– quand les bases de connaissance cessent, le contact cesse ;

– quand le contact cesse, la sensation cesse ;

– quand la sensation cesse, la soif cesse ;

– quand la soif cesse, la saisie cesse ;

– quand la saisie cesse, « l'existence », le devenir (*karma* à maturité) cesse ;

– quand le devenir cesse, la naissance cesse ;

– quand la naissance cesse, « la vieillesse et la mort » cesse.

Cette explication est donnée relativement à la classe des *phénomènes purs,* qui met en évidence les causes, c'est-à-dire la *vérité du chemin* selon les *quatre nobles vérités.*

Et dans l'ordre inverse :

– la fin de « la vieillesse et la mort » est produite en dépendance de la fin de la naissance ;

– la fin de la naissance est produite en dépendance de la fin du devenir (maturité des *karma*) ;

– la fin du devenir est produite en dépendance de la fin de la saisie ;

– la fin de la saisie est produite en dépendance de la fin de la soif ;

– la fin de la soif est produite en dépendance de la fin de la sensation ;

– la fin de la sensation est produite en dépendance de la fin du contact ;

– la fin du contact est produite en dépendance de la fin des bases de connaissance ;

– la fin des bases de connaissance est produite en dépendance de la fin du « nom et la forme » ;

– la fin du « nom et la forme » est produite en dépendance de la fin de la conscience ;

– la fin de la conscience est produite en dépendance de la fin des formations karmiques ;

– la fin des formations karmiques est produite en dépendance de la fin de l'ignorance initiale.

Ici, en suivant l'ordre du *processus de purification,* l'accent est mis sur les *effets,* la vérité de la cessation, la troisième des *quatre nobles vérités.*

Ces enchaînements sont peints sur une *thangka* (tissu peint) dénommée la *roue des cycles des existences*[1]. Elle comporte ici cinq secteurs au lieu de six, car parfois les domaines des *dieux* (*déva*) et des *demi-dieux* (*asura*) sont rassemblés en un seul secteur. Ensuite, il y a le secteur (domaine) des humains, qui inclut les transmigrations fortunées décrites dans la moitié supérieure de la roue. Les trois autres secteurs dans la moitié inférieure contiennent les transmigrations défavorables ou infortunées, celles des animaux, des esprits affamés (*préta*) et des êtres des enfers. Tous ces domaines représentent les différents niveaux de souffrance relatifs aux différents types de *naissance*.

Comment et dans quelles conditions ces différentes formes sont-elles induites ? Le cercle juste au centre des cinq domaines d'existences montre que les niveaux de souffrance sont produits par les *karma*, les actions. Il est divisé en deux. La partie droite sur fond blanc, avec des individus paraissant regarder et se déplacer vers le haut, symbolise les *karma* (actions) positifs qui sont de deux types : *favorables* ou *immuables* ; ce genre d'actions (*karma* positifs) est le moyen d'obtenir des vies d'humains, de demi-dieux (*asura*) et de dieux (*déva*). Le fond noir de la partie gauche, où l'on voit des personnes baissant la tête, symbolise des *karma* défavorables (actions négatives), qui provoquent des naissances dans les *sphères* d'existences inférieures (infortunées).

---

1. Voir les reproductions en couleurs dans le cahier central.

Par quoi ces *karma*, sources de souffrance, sont-ils induits ? Leur source se trouve dans les *trois poisons mentaux* : l'*ignorance*, l'*attachement* et l'*aversion*, représentés respectivement dans le cercle central par un cochon, un serpent et un coq. Le cochon symbolise l'*ignorance*, le serpent l'*aversion* et le coq l'*attachement*. Dans d'autres versions de cette *thangka roue des existences cycliques*, les queues du coq et du serpent sont saisies par la bouche du cochon, ce qui signifie que l'*attachement* et l'*aversion* ont leur origine dans l'*ignorance initiale*. Réciproquement, la queue du cochon placée dans leurs bouches indique que chacun de ces *facteurs mentaux* assiste et seconde l'autre.

Le symbolisme de ces trois cercles, du centre vers l'extérieur, signifie que les *trois poisons mentaux – ignorance, attachement* et *aversion* – donnent naissance à des *karma* (actions) favorables ou défavorables qui, à leur tour, donnent naissance aux différents niveaux de souffrance dans le cycle des existences. Le cercle extérieur présentant symboliquement chacun des douze liens interdépendants indique comment les causes de la souffrance – *karma* et *klésha* – produisent les vies de l'existence cyclique. L'être féroce tenant la roue représente l'impermanence. Si je peux me permettre de faire une plaisanterie, il ne symbolise pas une déité créatrice ! Le but essentiel est de symboliser l'impermanence ; voilà pourquoi cet être est un monstre terrifiant, bien qu'il n'y ait aucun besoin d'ornements et d'autres détails comme ici. Un jour, j'ai vu une thangka où l'on trouvait un squelette à la place de ce monstre, ce qui est plus clair encore pour symboliser l'impermanence.

La lune, sur l'extrême droite, suggère la *libération*. Le Bouddha sur la gauche montre du doigt la lune et, par ce geste, indique que la *libération*, qui permet de traverser l'océan de souffrance des cycles des existences, peut être réalisée.

En ce qui concerne l'histoire de cette thangka, il est dit qu'à l'époque du Bouddha Shakyamuni, un roi d'une province éloignée, Udayana, offrit une robe brodée de pierres précieuses au roi Bimbisara de Magadha qui n'avait aucun présent de valeur équivalente à offrir en retour. Bimbisara en était ennuyé et alla demander à Bouddha ce qu'il devait donner. Bouddha lui fit comprendre qu'il devait lui offrir une peinture avec les cinq secteurs dessinés et les stances suivantes :

> « Prenant ceci et laissant cela
> Entrez dans l'Enseignement du Bouddha
> Comme un éléphant dans une chaumière
> Détruisez les forces du Seigneur de la Mort
> Ceux qui avec une conscience attentive
> Pratiqueront cette discipline
> Abandonneront la Roue de la naissance
> Mettant un terme à leur souffrance. »

Bouddha dit à Bimbisara d'envoyer cette œuvre au roi Udayana. Il est dit que lorsque le roi reçut l'œuvre, il l'étudia et en obtint la réalisation.

Les *douze liens d'origine interdépendante* sont symbolisés par douze scènes autour du cercle. La première, sur le dessus (une personne âgée aveugle, qui marche en boitant avec une canne), symbolise l'*ignorance initiale*, le premier lien. Dans ce contexte, l'*ignorance* est une *incompréhension du mode réel d'existence* des phénomènes. Dans la mesure où la philosophie bouddhiste se subdivise en quatre écoles principales et que celles-ci comprennent souvent de nombreuses sous-écoles, les interprétations de l'ignorance sont diverses. Non seulement nous n'avons pas le temps d'en discuter, mais je ne me souviens pas même de chacune d'elles !

En général, l'*ignorance initiale* est un aspect de pure obscurité mentale, une *simple méconnaissance* de la façon dont les choses existent réellement. Les *soutra* décrivent dix-neuf sortes différentes d'ignorance – variétés de types de *vues* erronées en relation avec des vues et conceptions extrêmes. Ici toutefois, dans les douze liens d'origine interdépendante, l'*ignorance* désigne la *conscience erronée* qui conçoit l'existence des choses exactement à l'inverse de ce qu'elle est réellement.

L'*ignorance initiale* est le plus grave des *facteurs mentaux défavorables* dont nous avons intérêt à nous dégager. Chaque *facteur mental* est de deux types : inné ou intellectuellement acquis. Les *facteurs mentaux perturbateurs acquis* naissent de systèmes philosophiques ou conceptuels mal fondés, qui entraînent l'esprit à adopter et entretenir de nouveaux *facteurs mentaux* défavorables. Ils ne sont pas communs à tous les êtres sensibles, et ne peuvent être la *racine* qui entraîne les êtres dans l'existence cyclique. Celle-ci est innée. Nagarjuna la décrit ainsi dans *Shunyatasaptatikarika* (*Les Soixante-Dix Stances sur la Vacuité*) :

> « Cette conscience percevant les phénomènes comme existant de façon ultime,
> Bien qu'ils soient produits en dépendance de causes et de conditions,
> Est ce que le Maître appelle l'*ignorance initiale*.
> D'elle surgissent les douze liens. »

Ainsi, l'*ignorance initiale* est une conscience qui, de façon innée, appréhende ou conçoit de manière erronée les phénomènes comme existant par leur propre pouvoir, de manière indépendante, autogène, intrinsèque.

Du fait que la conscience peut avoir différents types d'objets, l'*ignorance initiale* est de deux sortes : celle qui conçoit l'existence inhérente des personnes et celle qui conçoit l'existence inhérente des autres phénomènes. Elles sont appelées respectivement *conscience concevant le soi des personnes* et *conscience concevant le soi des phénomènes*.

La conception du soi des personnes est elle-même de deux sortes : l'une apparaît quand on prend comme objet de conscience une autre personne, et que l'on considère qu'elle existe de façon inhérente. L'autre apparaît lorsque l'objet de perception est notre propre personne, notre propre moi, et que l'on considère qu'il existe de façon inhérente. Cette dernière est appelée la *vue* fausse de la *collection transitoire* (saisie du soi personnel). Dans la stance qui vient d'être citée, Nagarjuna indique que cette *vue* fausse innée de saisie du *soi personnel*, racine de l'existence cyclique, est la conception de notre propre soi comme existant de façon inhérente, qui surgit elle-même en dépendance de la conception des *agrégats mentaux et physiques* – notre esprit, notre corps, etc. –, bases de désignation de l'individu comme existant intrinsèquement, par eux-mêmes. De cette façon, la *saisie d'un soi* des phénomènes agit comme base de la *vue fausse innée* (*saisie du soi personnel*), concevant la personne comme existant de façon intrinsèque, même si ces deux consciences, par semblable ignorance, attribuent à tort une existence inhérente. Il existe également un autre type de saisie innée, plus grossière, du soi des phénomènes, dans lequel la personne est appréhendée à tort comme ayant une existence substantielle, c'est-à-dire comme étant autosuffisante.

Quand nous réfléchissons sur nos propres *attachements* et *aversions*, nous voyons qu'ils sont générés parce que nous nous concevons comme existant très concrètement, solidement, établissant une nette distinction entre soi-même et autrui, et provoquant conséquemment de l'*attachement* pour nous-même et tout ce qui est de notre côté, et de l'*aversion* pour les autres. Les attitudes d'*attachement* et d'*aversion* ont pour base une exagération de la perception et de la conception de notre moi, n'est-ce pas ?

Un moi, un soi existe réellement, posé conventionnellement et validement, facteur de *karma* (actions), accumulateur du *karma*, endurant des souffrances en résultat de ses *karma*. Toutefois, quand nous examinons le mode d'appréhension (de fonctionnement) de l'esprit, quand le moi, l'ego, le soi, commence à créer des problèmes, nous pouvons découvrir que notre conception d'un moi auto-institué (notre ego) est une exagération de ce qui existe réellement. Quand le moi apparaît à l'esprit, il ne se montre pas désigné en dépendance des agrégats du corps et de l'esprit, mais semble plutôt exister comme une entité indépendante. S'il existait vraiment de la façon dont il apparaît solide et indépendant, il devrait être compris de plus en plus clairement, au fur et à mesure qu'on l'examine selon les raisonnements de l'école *madhyamika*. Or, quand on recherche un tel moi avec cette méthode, son existence est de moins en moins certaine, jusqu'au moment où l'on constate qu'il est introuvable. Le fait qu'il ne puisse être trouvé quand nous le cherchons indique qu'à part une *simple désignation* en relation avec certaines circonstances il n'existe pas. Pourtant, il apparaît à notre esprit comme pouvant être localisé et comme quelque chose de très concret ; or, c'est quand nous adhérons à cette apparence trompeuse, que les problèmes commencent.

La contradiction, l'opposition, entre la façon dont le moi (le « je ») apparaît comme s'il était très concret et le fait qu'on ne peut le trouver lorsqu'on le cherche par analyse, indique qu'il y a divergence entre son apparence et son mode réel d'existence. Les physiciens font une distinction similaire entre ce qui apparaît et ce qui existe vraiment.

Dans notre propre expérience, nous pouvons identifier différents types ou niveaux d'*attachement*. Quand nous voyons un article dans un magasin et que nous le désirons, cela constitue le niveau initial d'*attachement*. Quand nous l'avons acheté et que nous ressentons « il m'appartient », c'est un autre niveau d'*attachement*. Ces deux attitudes sont de l'*attachement*, mais elles diffèrent en puissance.

Il est important de distinguer trois niveaux d'apparence et d'appréhension. Dans le premier, l'objet est simple apparition : le désir ne s'est pas encore manifesté, seules existent l'apparence et la reconnaissance de l'objet. Ensuite nous pensons : « Oh, ceci est vraiment bien ! » Le désir a été généré, c'est le deuxième niveau d'apparence et d'appréhension de l'objet. Puis vient le troisième niveau quand, après avoir décidé d'acheter l'article, vous en faites votre propriété en le chérissant comme vôtre.

Sur le premier niveau, même si l'objet vient juste d'apparaître, il semble déjà exister par lui-même, de manière intrinsèque ; mais l'esprit n'est pas encore très impliqué en lui. Sur le deuxième niveau, l'*attachement* pour l'objet est induit par l'*ignorance initiale*, qui le fait apparaître comme existant réellement de son propre côté. Enfin, il y a un niveau subtil d'attachement qui naît après le moment où la conscience adhère à l'existence intrinsèque de l'objet : quand l'attachement s'accroît, la cause en est la conception de l'existence intrinsèque : elle produit l'attachement, sans pour autant exister exactement en même temps que l'attachement. Il est crucial d'identifier ceci dans votre propre expérience :

– Au premier niveau, l'objet apparaît comme existant intrinsèquement.

– Au deuxième niveau, la conscience adhère à cette apparence, appréhende l'objet comme existant de manière intrinsèque et donne ainsi prise à l'*attachement*.

– Au troisième niveau, quand nous avons acheté un objet « intrinsèquement » agréable et que nous en avons fait notre possession, nous développons un fort sens de propriété et il nous devient extrêmement précieux.

À la fin de ce processus, il y a rencontre de deux courants d'adhésion très forts (l'*attachement* pour les objets intrinsèquement plaisants et l'*attachement* pour soi-même), ce qui accroît encore l'*attachement* initial. Réfléchissez pour savoir s'il en est ou non ainsi.

Il en va de même pour l'*aversion*. Un niveau initial perçoit conventionnellement et validement les qualités de l'objet (par exemple, voir quelque chose de mauvais et l'identifier comme tel). Le deuxième niveau est atteint quand on produit l'aversion en pensée : « Oh ! que cela est mauvais ! » Ensuite l'*aversion* se développe et elle s'accroît davantage lorsqu'on entrevoit l'idée que l'objet de l'aversion va réellement nous nuire. Ainsi, autant dans l'*attachement* que dans l'*aversion*, l'*ignorance initiale*, en tant que *saisie de l'existence intrinsèque*, agit comme auxiliaire. En ce sens, la cause de toute cette perturbation est le cochon représenté au centre de la thangka ! Et dire que dans le calendrier tibétain l'année de ma naissance est appelée l'année du cochon !

C'est ainsi que l'*ignorance initiale* est la racine des autres *facteurs mentaux perturbateurs*. La conscience ignorante est obscurité mentale vis-à-vis du mode d'existence des phénomènes, et se trouve donc symbolisée dans cette thangka par la personne aveugle. Et comme cette *ignorance initiale* est également infirme, dans le sens où elle n'a pas pour base une perception valide, l'aveugle boite et avance avec une canne. Il serait plus pertinent que ce symbole de l'*ignorance initiale* soit peint au bas du tableau, mais il est souvent placé en haut.

En dépendance de cette *ignorance initiale* est produit le deuxième des douze liens d'origine interdépendante : la *formation karmique*. On l'appelle aussi *karma composé* parce qu'elle compose ou provoque des effets plaisants ou pénibles. La *formation karmique* est symbolisée par un potier. Le potier prend de la terre glaise et la transforme en un nouvel objet. Semblablement pour la formation karmique, l'acte débute une séquence qui entraîne de nouvelles conséquences. De plus, quand le potier a lancé sa roue elle tourne aussi longtemps que nécessaire, sans qu'il ait besoin de la relancer ou de produire un effort supplémentaire. De même, quand un acte a été réalisé par un être vivant, il établit une *prédisposition* dans l'esprit (ou, comme le dit l'école *madhyamika-prasanguika*, il produit un état de *destruction* de cette action), et cette *prédisposition*, ou *état de destruction*, a le potentiel de se perpétuer sans interruption, jusqu'à ce qu'elle produise son effet. Même s'il n'y a plus d'autre impulsion, le *potentiel de production* de la totalité des effets demeure, tout comme la roue du potier qui, une fois lancée, continue de tourner par sa propre force d'inertie.

Si l'on considère les effets des actes (*karma*) sur le plan des renaissances qui s'ensuivent (par les différentes voies de passage dans les *royaumes du désir, de la forme et de la non-forme*), on peut classer les *karma* en *favorables* et *défavorables*. Parmi les *karma* favorables, on peut distinguer ceux qui sont *positifs* (produisant des *mérites*) et ceux qui sont *immuables*. Les moyens qui déclenchent ces formations karmiques sont nommés *les portes* : le corps, la parole et l'esprit. Leur caractère spécifique se subdivise en deux groupes : *karma volitifs* et *karma voulus*. Selon qu'elles entraînent une expérience effective ou non de leurs conséquences, les *formations karmiques* sont dites *certaines* ou *incertaines*. Et quand leurs conséquences doivent être expérimentées, elles le seront soit dans cette vie-ci, soit dans la prochaine, soit dans une autre encore.

Si nous prenons l'exemple d'une vie humaine, on y trouvera des *karma* qui déterminent le type de réincarnation dans un corps humain, et d'autres types de *karma* qui, pour parler simple et court, complètent le tableau. Nommés *karma complémentaires*, ils déterminent les qualités particulières d'une personne – par exemple, en influant pour qu'un corps soit beau, laid, etc. Prenons l'exemple d'un être humain qui est souvent malade : comme pour tous les autres êtres humains, le *karma introducteur* de cette forme d'existence spécifique qu'est la vie humaine provient de *karma* favorables, positifs (sans eux, on ne peut naître humain) ; mais les *karma* complémentaires qui « ont achevé le tableau » en créant une propension à la maladie sont, eux, issus de *karma* défavorables. L'inverse se produit quand le *karma introducteur* est négatif et que les *karma complémentaires* sont positifs : c'est le cas pour l'animal qui dispose d'un corps en bonne santé. Il y a aussi des cas où les *karma introducteurs* et *complémentaires* sont tous deux favorables, positifs ou, tout à l'inverse, défavorables, négatifs. Au total, il y a donc quatre catégories.

Parmi les *karma*, on distingue également ceux qui sont *accomplis intentionnellement*, ceux qui sont *projetés mais non accomplis*, ceux qui sont *accomplis mais involontairement*, et ceux qui ne sont *ni projetés ni accomplis*. Il y a aussi des actes (*karma*) dont l'intention est positive mais non leur réalisation, d'autres dont l'intention est négative mais la réalisation positive, d'autres où l'intention et la réalisation sont négatives, et d'autres enfin où l'intention et la réalisation sont positives. De plus, il y a des *karma* dont les effets sont vécus en commun par tout un groupe d'êtres humains, et d'autres *karma* dont les effets ne sont vécus (expérimentés) que par un seul individu.

Comment les karma s'*accumulent*-ils ? Par exemple, durant cette conférence même, les motivations particulières de chacun conduisent à des *karma* (actes, actions) verbaux et physiques. Une *bonne motivation* inspire des mots agréables et des actions bienveillantes, par lesquels des *karma* favorables sont accumulés. Le résultat immédiat ressenti est la création d'une atmosphère paisible et amicale. La colère, quant à elle, entraîne des paroles violentes et des actes physiques et verbaux agressifs, créant immédiatement une atmosphère déplaisante. Dans les deux cas, l'action est produite sous l'influence de l'*ignorance initiale* (connaissance erronée) de la nature ultime des phénomènes : c'est le premier niveau de *karma*. Au moment où cesse cette action, un potentiel, une prédisposition, se fixe, s'inscrit dans la conscience, et le continuum de conscience transporte ce potentiel jusqu'au moment où ce *karma* portera ses fruits. Selon cette optique, un *karma* crée à la fois un *résultat immédiat* et un *résultat potentiel* qui apportera une expérience, soit agréable, soit pénible, dans le futur.

C'est ainsi que le premier lien, l'*ignorance initiale*, entraîne le deuxième, la *formation karmique*, qui établit un *potentiel d'expérience future* dans le troisième lien, la *conscience*, symbolisée dans cette thangka par un singe. Le bouddhisme offre divers modes d'explication du nombre de consciences. Une école affirme qu'il n'y en a qu'une ; d'autres en dénombrent six ; une autre école huit, et une autre encore neuf. Quoiqu'une majorité d'écoles bouddhistes affirme l'existence de six types de conscience, la représentation symbolique de la conscience est souvent un singe bondissant de fenêtre en fenêtre dans une maison ; cela est probablement dû à l'assertion de l'existence d'une conscience unique. Quand cette conscience principale perçoit par le biais de l'œil, elle semble être la conscience oculaire, et quand elle perçoit par le moyen de l'oreille, du nez, de la bouche ou du corps, elle semble être successivement une conscience auditive, olfactive, gustative ou tactile ; tout comme un singe bondissant de fenêtre en fenêtre à l'intérieur d'une maison ne peut être que devant une seule fenêtre à la fois, la conscience est unique : elle utilise alternativement un sens ou un autre. Voilà la façon dont l'esprit est présenté par ceux qui déclarent qu'il n'y a qu'une seule conscience. En tout cas, le singe est un animal intelligent et actif, et c'est pour cette raison qu'il symbolise bien les qualités de la conscience.

Le problème, c'est qu'entre l'action et ses fruits il s'écoule parfois un laps de temps considérable. Toutes les écoles bouddhistes affirment qu'il ne peut y avoir de *karma* perdus ou improductifs : entre une cause et un effet il y a obligatoirement un lien. Les thèses avancées sur les liens (relations) entre une cause et sa chaîne d'effets à long terme varient en fonction des écoles, la meilleure étant offerte par l'école *madhyamika-prasanguika*. S'appuyant sur le fait que toutes les écoles admettent qu'il doit y avoir une continuité entre la personne qui accomplit le *karma* (*cause*) et celle qui expérimente le *résultat* (*effet*), les *madhyamaka* (tenants de l'école *madhya-mika-prasanguika*) soutiennent que l'individu (imputé en dépendance) est la *base de maturation* des empreintes créées par le *karma* (action). Aussi longtemps qu'un système est incapable de présenter une *base de réception* valide de ces *empreintes*, il lui faut découvrir une *base de transmission* de ces forces qui ne soit pas dépendante ; c'est pourquoi l'école *chittamatra* positionne l'*esprit-base-de-tout* comme *base de réception des empreintes*. Toutefois, l'école philosophique la plus fine, l'école *madhya-mika-prasanguika*, ne connaît pas de telles difficul-tés puisqu'elle soutient que la base de réception continue des empreintes est le *simple moi*, la conscience ordinaire n'en étant que la base tempo-raire.

Dans cette optique, juste après l'action (*acte*, *karma*), il y a un état de *destruction* ou de *cessation* de cette action, un état qui, si l'on peut dire, se transforme en l'entité d'une *empreinte* déposée, inscrite, sur la conscience. La conscience qui s'étend de cet instant jusqu'à l'instant qui précède la nouvelle conception physique de la vie suivante est appelée *conscience du temps causal* ou *conscience causale*. La conscience du moment qui suit immédiatement la connexion avec l'existence suivante est appelée *conscience-effet*. La *conscience-effet* dure depuis cet instant jusqu'à celui qui précède l'apparition du quatrième lien : *le nom et la forme* ; sa durée est extrêmement brève.

Dans le concept *nom et forme*, *nom* renvoie aux quatre *agrégats mentaux* : *sensation, discrimination, formation volitionnelle* et *conscience*, et *forme* renvoie au cinquième agrégat : les phénomènes physiques. Dans cette thangka, ce quatrième lien, *nom et forme*, est symbolisé par des voyageurs dans un bateau. Dans d'autres représentations, c'est un ensemble de poteaux dressés et attachés rassemblés à leurs sommets. Ce dernier symbole reflète une explication de la conscience mentale selon l'une des écoles *chittamatra* (celle dite *qui suit les textes*) : pour elle, l'*esprit-base-de-tout* et la *forme* sont comme les pieds d'un trépied se soutenant mutuellement. Dans un autre symbolisme, le bateau représente la *forme*, et les voyageurs dans le bateau les *agrégats mentaux*. La période du *nom et la forme* dure pendant le développement de l'embryon, jusqu'au début de la formation des cinq organes des sens.

2

La vie induite
par l'ignorance initiale

Questions-réponses

QUESTION : Pourriez-vous clarifier les deux types de méditation analytique ?

RÉPONSE : Méditation analytique et méditation de concentration se subdivisent chacune en deux modes. Dans le premier on médite *sur* un objet ; c'est le cas de la méditation sur l'impermanence. Dans l'autre, on permet à sa propre conscience de générer un état d'esprit ; c'est le cas du développement de l'amour altruiste par la méditation. Quand vous méditez *sur* l'impermanence ou *sur* la vacuité, vous les prenez comme objets de votre esprit. Et lorsque vous méditez la foi (confiance) ou la compassion, vous ne méditez pas *sur* la foi (confiance) ou *sur* la compassion. Plus précisément, vous ne réfléchissez pas à leurs qualités spécifiques, vous transformez votre conscience en la foi ou la compassion.

QUESTION : Combien y a-t-il de types d'investigation analytique ?

RÉPONSE : Dans les écoles bouddhistes, on dénombre quatre façons d'analyser les phénomènes. La première consiste à rechercher les *fonctions* d'un

objet : celle du feu est de brûler, celle de l'eau est de
mouiller. La deuxième consiste à étudier le phénomène *via* le *raisonnement* fondé sur des preuves
valides. La troisième consiste à rechercher les *liens
de dépendance*, comme dans la loi de causalité, et la
dernière se fonde sur la *recherche rationnelle de la
nature réelle* de l'objet : ce qu'est véritablement un
objet. Je pense que bien des phénomènes peuvent
être compris par ce quatrième type d'analyse qui
voit qu'*il est dans la nature d'un phénomène d'être ce
qu'il est*, tout simplement. Et il me semble que ce
type de raisonnement peut être utilisé pour élucider
la question de la *loi de causalité karmique* (les relations de cause à effet dans le cycle des existences).
Prenons l'exemple de quelqu'un qui agresse autrui ;
la *nature* de cette action étant de causer du tort à un
être sensible, le résultat est que l'effet de violence se
retournera *de façon naturelle* contre son auteur.
Semblablement, aider un autre être sensible possède la *nature* d'apporter des bienfaits, et les effets
qui reviennent à l'auteur seront également bénéfiques.

De même, si l'on se pose la question de savoir
pourquoi la caractéristique de la conscience est
d'expérimenter les objets, ou pourquoi les objets
physiques sont matériels, on peut effectivement se
pencher sur leurs causes substantielles respectives,
ainsi que sur les conditions influant leur création.
Mais il est tout aussi justifié de pousser le question-
nement plus loin et de dire que c'est la nature de la
conscience d'expérimenter les objets. Et si l'on pose
en principe que la conscience a un commencement,
on sera confronté à de nombreuses incohérences

rationnelles. Il n'est, par exemple, pas défendable de penser qu'une entité lumineuse et connaissante puisse être produite par quelque chose qui ne soit ni lumineux ni connaissant. Soutenir cette position mène à trop d'incohérences. Il est plus rationnel d'adopter la conception d'une conscience sans commencement.

De même pour les particules constituant la matière : il est probable que la conscience soit une condition coopérant à leur production, mais la cause substantielle de la matière est nécessairement matérielle, puisqu'elle doit être créée de quelque chose de similaire. Par exemple, si nous considérons notre propre galaxie, notre système solaire de près d'un milliard de mondes, la tradition bouddhiste soutient l'existence de périodes (*éons*) de *vacuité*, suivies de périodes (*éons*) de *formation*, suivies d'*éons* de *stabilité*, suivis enfin par des *éons* de *destruction*. Cette série de quatre phases se déroule, recommence et se perpétue sans fin. Je me demande si les substances qui produisent les particules constituant les ensembles durant les éons de formation sont présentes durant la période des éons de vacuité. Peut-être les particules d'espace mentionnées dans le système du *Kalachakra* y font-elles référence ? Même si cinq ou six milliards d'années se sont écoulées depuis le big bang, il est intéressant de trouver une explication aux conditions premières de sa naissance.

D'un autre point de vue, il existe des yogi qui cultivent des états de méditation appelés *terre totale*, *eau totale*, etc., dans lesquels tout apparaît comme étant de la terre, de l'eau, etc. Les phénomènes produits par la force du yoga n'ont réellement pas de limites. Par exemple, même si nous constatons la solidité des choses, nous ne pouvons poser en principe leur stabilité à tous égards et dans toutes les situations. Elles ne sont affirmées solides que relativement à une situation particulière.

QUESTION : S'il vous plaît, pouvez-vous donner une définition du moi, du soi ?

RÉPONSE : Ceux qui ne croient pas aux existences passées et futures ne portent probablement pas attention à cette entité, ni à sa nature ; mais ceux qui font confiance à cette conception défendent différentes thèses. Beaucoup de systèmes philosophiques non bouddhistes postulent un soi permanent qui transmigre d'existence en existence. La raison en est qu'ils se rendent compte que quelque chose se transmet de vie en vie, et que ce n'est évidemment pas le corps. N'acceptant pas la conception d'une entité impermanente qui transite de vie en vie, ils pensent que c'est un soi permanent, un et indépendant, qui voyage d'une vie à l'autre.

Le bouddhisme postule bien sûr un *soi*, mais pas en ce sens. Sentant que le moi, le soi, le je, est d'une nature qu'on peut soumettre à l'analyse, les écoles bouddhistes « inférieures » estiment que *quelque chose* à l'intérieur de l'impermanent assemblage de l'esprit et du corps peut être reconnu comme moi, soi, « je ». Certaines de ces écoles bouddhistes proposent la conscience mentale, d'autres proposent l'*esprit-base-de-tout*, d'autres encore le *continuum des agrégats*, et ainsi de suite. La meilleure école philosophique bouddhiste, l'école *madhyamika-pra-sanguika*, estime qu'il en va comme pour tout objet, un véhicule par exemple, qui est imputé, déduit, en dépendance de ses parties constituantes et qui pourtant ne peut être effectivement trouvé parmi elles. Ainsi la personne est seulement imputée en dépendance de ses agrégats physiques et mentaux, et ne peut pourtant être trouvée, en dernière analyse, dans aucun de ses agrégats constituants. Et il n'y a pas que le moi qui soit imputé en dépendance ; tous les phénomènes le sont ; même la vacuité est imputée en dépendance, tout comme l'*état de Bouddha*, la *bouddhéité* : tous les phénomènes qui apparaissent et surviennent sont désignés en dépendance de causes et de conditions.

QUESTION : Votre Sainteté, pourriez-vous parler des relations entre les cinq *agrégats* et les cinq *éléments* ?

RÉPONSE : Il est tout d'abord nécessaire d'identifier les cinq agrégats : la *forme*, la *sensation*, la *discrimination*, les *formations volitionnelles* et la *conscience*. À l'intérieur de l'agrégat de la forme, le niveau le plus grossier est, par exemple, notre corps de chair et de sang, etc. Les niveau plus subtils incluent les catégories des différent... gies internes : ils sont décrits dan... *supérieur*. Ces textes expliquent les... tions entre les mouvements des... siques fondamentaux et les éner... *airs*) qui circulent dans des canau...

différents niveaux de consciences conceptuelles et non conceptuelles.

Les quatre autres agrégats sont nommés *bases du nom*. Ce sont la *sensation*, la *discrimination*, la *formation volitionnelle* et la *conscience*. L'*agrégat des sensations* et l'*agrégat des discriminations* sont les *facteurs mentaux* de la sensation et de la discrimination, qui ont été isolés de tous les autres facteurs mentaux et répartis dans leurs agrégats respectifs. Comme le dit Vasubandhu dans l'*Abhidharmakosha*, les raisons de ce traitement séparé sont que la discrimination est source de tous les désaccords entre les êtres, et que l'*attachement* qui cherche à ne pas être privé des sensations plaisantes ainsi que l'*attachement* qui cherche à fuir les sensations pénibles nous poussent à des actions négatives, ce qui a pour conséquence de nous précipiter dans le cycle des existences. Dans le quatrième agrégat, on dénombre deux types principaux de facteurs composants : ceux qui sont associés à la conscience et ceux qui ne le sont pas. Les êtres vivants que nous côtoyons ont un corps physique possédant les cinq agrégats ; mais dans le *royaume sans-forme*, seuls existent les quatre agrégats mentaux ; toutefois, selon l'optique du *tantra-yoga supérieur*, il n'en est ainsi que pour la forme grossière.

Quant aux éléments, objet de votre question, il s'agit des *quatre éléments fondamentaux*, qui sont dénommés *terre*, *eau*, *feu* et *air*. Le premier porte le ⸤n⸥om *terre*, et indique généralement la solidité et ce ⸤qui f⸥ait obstacle. Les concepts signifiés par *eau* sont ⸤⸥et humidification. *Feu* indique la chaleur et ⸤brûler⸥ûler. *Air*, au niveau grossier, fait référence à l'air que nous respirons, mais à un niveau plus subtil signale principalement les types d'énergies qui favorisent le développement et le changement. Par exemple, dans les textes du *Kalachakra* il est dit que des courants continuent à circuler même dans un corps mort, puisqu'il continue à subir le changement. Il existe un élément supplémentaire, l'*espace* qui, dans le corps par exemple, indique les zones vides et les voies de passage. Le *Kalachakra* parle également de particules d'espace extrêmement subtiles. De leur côté, les scientifiques parlent de minuscules particules qui, dans l'espace, servent de base aux autres phénomènes.

Voilà pour les cinq agrégats et les cinq éléments. Si vous avez d'autres questions sur ces sujets, n'hésitez pas à les poser.

QUESTION : Toute apparence et toute vie n'étant qu'illusion, n'est-il pas incohérent de parler de niveaux d'apparence, comme vous l'avez fait ce matin ?

RÉPONSE : La vie n'est pas une illusion ; elle est comme une illusion. De multiples contradictions peuvent être constatées entre la façon dont les choses apparaissent et leur façon d'exister réellement. Par exemple, quelque chose de réellement impermanent peut apparaître comme étant permanent. De même, certaines choses qui sont réellement sources de souffrance apparaissent comme sources de plaisir. Ce sont quelques exemples de décalages habituels entre le mode réel d'existence des choses et leur manière d'apparaître. De même, sur le plan de la réalité ultime, les objets paraissent exister intrinsèquement, de par leur propre nature, alors qu'en réalité ils sont dépourvus d'existence intrinsèque. C'est là un autre niveau de divergence entre l'apparence et la réalité.

QUESTION : Est-ce que le fait de croire ou de ne pas croire est en relation avec l'*ignorance initiale* ?

RÉPONSE : La plupart du temps, nous croyons que les objets existent de manière intrinsèque. Ils semblent exister de leur propre fait, et nous croyons qu'ils existent de cette façon-là. Des croyances de ce type sont effectivement induites par l'*ignorance initiale*.

QUESTION : Quand la *soif* (désir) est-elle cause, quand est-elle résultat ?

RÉPONSE : Un désir peut entraîner des désirs ultérieurs : dans ce cas il est cause. Ces instants ultérieurs de désir, ayant été induits par leur cause première, sont donc les effets. Ce qui est considéré comme cause et ce qui est considéré comme effet étant bien différents, il n'y a pas de problème.

QUESTION : Quand une empreinte karmique a été déposée dans notre esprit, est-il inévitable d'en subir l'effet complet ou peut-on y échapper ?

RÉPONSE : Si vous êtes capable de faire naître une condition plus puissante que la condition complémentaire qui allait provoquer la manifestation du *karma*, l'évolution de son accomplissement peut être stoppée. Par exemple, quand on a pris conscience de ses erreurs, qu'on s'en repent et qu'on s'engage dans des actions (*karma*) favorables, positives, destinées à purifier un *karma* défavorable antérieur, on parvient à s'en dégager. Au minimum, vous pouvez en diminuer la force à tel point que, même si vous rencontrez des conditions qui auraient favorisé son éclosion, le *karma* ne sera pourtant pas activé.

Maintenant, nous pouvons continuer la description des douze liens d'origine interdépendante.

Les conditions de la souffrance

Le cinquième lien est nommé *bases de connaissance* (*six sphères des sens*) : les déclencheurs internes de la conscience que sont l'œil, l'oreille, le nez, la langue, le corps et le sens mental. Dans la thangka, ils sont symbolisés par une maison vide parce qu'à la naissance, avant la sortie de l'utérus, il y a un moment où les organes, bien que développés, ne fonctionnent pas encore. Il en est comme d'une maison vide : les organes extérieurs nécessaires au fonctionnement des consciences sensorielles sont développés, mais au sens exact et précis, leur fonctionnement interne n'est pas encore effectif.

Ensuite vient le *contact*, le sixième lien. Ce *contact* est un *facteur mental* qui distingue les objets comme plaisants, déplaisants ou neutres lorsque se trouvent réunis objet, faculté sensorielle et conscience. Les objets sont des formes visibles, des sons, des odeurs, des saveurs, des objets palpables ou d'autres phénomènes non classés dans ces cinq catégories. Les facultés sensorielles correspondent aux organes : l'œil, l'oreille, le nez, la langue, le corps et le sens mental. Lorsque se trouvent réunis un objet, une faculté sensorielle et un moment antérieur de conscience capable d'agir comme condition immédiatement précédente, un nouveau moment de perception est généré. En tant que facteur mental, le *contact* distingue l'objet comme plaisant, pénible ou neutre.

Trois conditions sont généralement nécessaires pour produire une perception. La première est appelée *condition de l'objet observé* (*conscience objectale*) : l'objet fait naître la perception, et celle-ci prend l'aspect de l'objet. La deuxième est la *condition dominante* : une faculté sensorielle induisant une conscience particulière dont la capacité (fonction) est de n'appréhender que certains types d'objets et pas d'autres ; par exemple, la faculté oculaire qui permet à la conscience l'appréhension d'objets visuels, et non de sons. Le fait qu'une perception ait la capacité d'expérimenter son objet est dû à une conscience immédiatement précédente : c'est le troisième type de condition, appelée *condition immédiatement précédente*.

C'est parce qu'il y a rencontre entre un objet et une entité distincte de lui, que le contact est symbolisé par un baiser. Le *contact* se réfère à cet instant où advient la rencontre de l'objet, des facultés sensorielles et de la conscience ; c'est lui qui provoque l'appréciation de l'objet comme plaisant, pénible ou neutre, juste avant la production de la *sensation*.

Le septième lien d'origine interdépendante, la *sensation*, est reconnu comme *facteur mental expérimentant* plaisir, souffrance ou neutralité (indifférence), après que le contact a distingué l'objet comme plaisant, pénible ou neutre. Selon une école d'interprétation, les frontières de ce septième lien vont de la plus petite expérience de plaisir et de souffrance jusqu'à l'expérience de l'orgasme. La thangka symbolise la sensation par un œil percé d'une flèche. L'œil est si sensible que la moindre gêne est très désagréable, et cette sensibilité est prise en exemple pour indiquer que sous l'influence des sensations, qu'elles soient plaisantes ou pénibles, il nous est impossible de rester sereins : il est certain qu'elles nous dirigent. Le plaisir nous incite à en vouloir toujours plus, et la souffrance nous porte sans cesse à la fuir.

Le huitième et le neuvième lien, la *soif* (*désir*) et la *saisie*, sont deux types d'*attachement*. Leur différence est dans l'intensité : la *soif* (*désir*) constitue une phase de l'*attachement* plus faible que la *saisie*, qui est très puissante. Il existe de nombreux degrés de désir. Exemples : l'*attachement* associé au *royaume du désir*, le *désir de séparation* qui veut se débarrasser de la souffrance, et la *soif* (*désir*) *des royaumes de la forme et de la non-forme* qui désigne l'*attachement* à l'existence mondaine.

La thangka symbolise la *soif* (*désir*) par une personne qui boit de la bière. C'est un exemple facile à comprendre, n'est-ce pas ? Peu importe la quantité de bière que vous buvez, même si vous savez que cela fait grossir, et que vous ne voulez pas grossir, vous continuez quand même à boire, encore et encore. La *soif* (*désir*), même non satisfaite, est un facteur mental qui accroît l'*attachement*. Le champ d'activité de ce huitième lien d'interdépendance s'étend de la période du quatrième lien, *le nom et la forme*, à celle du neuvième, la *saisie*.

La *saisie*, qui signifie l'effort fait pour s'emparer mentalement d'un objet que l'on désire, est représentée par un singe s'appropriant un fruit. Il existe quatre sortes de *saisie* : celle appliquée aux objets désirés, celle appliquée aux saisies du soi, celle appliquée aux systèmes d'éthique et de conduite négatifs, et celle appliquée à chacun des autres types de *vues* fausses. De telles formes de *saisie* influencent l'esprit de nombreuses personnes, qu'elles aient choisi une vie de famille ordinaire, ou qu'elles y aient renoncé et opté pour le célibat : elles ont des *vues* erronées.

Mais outre ces quatre-là, on trouve d'autres types de *saisie*. Par exemple, une personne temporairement libérée du désir relatif au *royaume du désir*, ayant une *vue* correcte, et cherchant néanmoins à renaître dans le *royaume de la forme et de la non-forme*, doit accumuler un *karma* qui la poussera à renaître dans ce royaume : elle doit donc avoir la *saisie* pour ce type de vie. Cet exemple n'entre dans aucune des quatre catégories de *saisie* citées, elles ne sont donc pas exhaustives. Cette liste indicative est donnée pour diminuer les conceptions fausses, et non pour être considérée comme exhaustive.

En dépendance du *nom et de la forme*, des *bases de connaissance* (sphères sensorielles), du *contact* et de la *sensation*, nous générons la *soif* (*désir*) de continuer à faire l'expérience d'objets agréables et à fuir les objets pénibles. Quand un tel désir est produit dans des formes sans cesse plus fortes, il crée la *saisie* des objets séduisants pour les sens, comme les formes agréables, les sons agréables, les odeurs agréables, les goûts et les touchers agréables. La *soif* (*désir*) et la *saisie* servent à renforcer (charger) le *potentiel karmique* – précédemment établi dans la conscience par une action inspirée de l'*ignorance initiale* –, ce qui occasionne la réalisation d'une nouvelle existence dans le royaume du désir. Quand ce *karma*, cette *prédisposition* inscrite dans l'esprit est alimentée par cette *soif* et cette *saisie*, jusqu'à atteindre la pleine capacité de produire la vie suivante, ce *karma* est appelé le *devenir* (*existence*) : et c'est le dixième lien. Dans ce cas, le nom donné au lien représente le résultat (une nouvelle existence dans le cycle de la *Roue de la Souffrance*) et non la cause (le *karma* pleinement activé). Selon les *madhyamaka-prasanguika*, c'est plus précisément l'état de destruction pleinement activé du *karma*, lui-même phénomène productif, qui déclenchera la vie suivante.

Le symbole de ce dixième lien est une femme enceinte. De la même manière qu'une femme en fin de grossesse abrite en son sein un enfant totalement développé, mais qui n'est pas encore venu au monde, le *karma* pleinement activé produisant la vie suivante n'est pas encore manifesté. Le dixième lien dure de l'instant où le *karma* est pleinement activé, jusqu'au début de la vie suivante. Cette période se divise en deux : l'une est appelée *direc-*

tionnelle puisqu'elle est dirigée vers la nouvelle vie et se situe donc dans la vie antérieure ; l'autre est appelée *en cours* puisqu'elle se réfère au *karma* activé durant la période de l'état intermédiaire reliant les deux existences.

Le onzième lien d'interdépendance est la *naissance,* symbolisé par une femme donnant la vie. L'enfant, qui était auparavant dans l'utérus de sa mère, accède dès la naissance à un état nouveau.

Le douzième lien d'interdépendance est la *vieillesse et la mort.* Il existe deux types de vieillesse : la première est nommée *progressive,* puisque depuis le moment de la conception jusqu'à la fin de la vie on vieillit inexorablement. La seconde, nommée *détérioration,* est la dégénérescence habituelle de l'âge avancé.

Après la vieillesse vient la mort. Sur son chemin, on rencontre les crises de chagrin et de nombreux types de souffrances : chercher sans succès à obtenir ce que l'on veut, subir ce que l'on ne veut pas, etc.

L'ignorance initiale : racine de la souffrance

Nos vies commencent par la souffrance de la naissance et se terminent sur la souffrance de la mort ; entre ces deux extrêmes, se produisent nombreux les inconvénients de la vieillesse et d'autres événements pénibles. Telle est la souffrance (la première des *quatre nobles vérités*) dont nous ne voulons pourtant pas et que nous souhaitons vaincre. Il est important de tenter de résoudre cette question : existe-t-il ou non un remède à cet état habituel de souffrance ? Pour trouver une solution fiable, il est indispensable de rechercher les causes premières et fondamentales de notre situation actuelle. C'est exactement l'objet du thème des *douze liens d'origine interdépendante*, qui ont pour origine l'*ignorance initiale*.

Si nous examinons une souffrance nous touchant actuellement, de quelque nature qu'elle soit, nous trouvons sa racine dans l'*ignorance initiale*. Aussi longtemps que nous restons sous l'influence de l'*ignorance initiale*, qui est le germe et la racine de la souffrance, nous sommes à chaque minute susceptibles de nous engager dans une action qui devient la cause d'une renaissance future. Par ce processus, nous avons déposé et déposons dans notre courant de conscience une infinité de *prédispositions* : les *empreintes karmiques* que créent les *karma*, eux-mêmes nés de l'*ignorance initiale*. Actuellement, notre conscience renferme une infinité de ces *potentialités* qui nous entraînent dans des vies futures.

Nous venons de présenter les douze liens d'origine interdépendante selon un déroulement circulaire : d'abord l'*ignorance initiale*, puis les onze autres liens qui en découlent. Le mode de représentation en cercle nous permet de voir que plusieurs cycles d'interdépendance opèrent simultanément, car diverses manifestations d'*ignorance initiale* peuvent induire des séries conjointes. Et cette présentation des douze liens en série séquentielle, où chaque lien antérieur entraîne le suivant, permet de comprendre qu'au cours du déroulement d'un cycle complet des douze liens d'interdépendance plusieurs cycles se produisent dans le même instant et se développent simultanément. Vous pouvez constater le fait suivant : dans un cycle de liens d'interdépendance, bien qu'*ignorance initiale, formation karmique* et *conscience* (les trois premiers liens) impulsent l'énergie qui produira une vie future, on trouve entre *conscience* et *nom et forme* (troisième et quatrième lien) les huitième, neuvième et dixième liens (*désir, saisie* et *devenir*) d'un autre cycle capable d'activer immédiatement dans la conscience le potentiel nécessaire à la production d'une autre vie, déterminée par le quatrième lien : le *nom et la forme.*

De même, lorsque vous considérez les huitième, neuvième et dixième liens – *désir, saisie* et *devenir* (ce dernier étant le *karma* arrivé à pleine maturité produisant la naissance) –, vous remarquerez qu'au moment même de la *naissance* due à ces huitième, neuvième et dixième liens, se développe un autre cycle de *nom et forme, bases de connaissance, contact* et *sensation.* De même, *désir, saisie* et *devenir* – qui s'intègrent entre les troisième et quatrième liens – doivent être précédés de leurs respectifs *nom et forme, bases de connaissance, contact* et *sensation* : les quatrième, cinquième, sixième et septième liens. Un autre cycle de liens d'interdépendance est donc bien inclus dans une production déjà en cours. Un cycle de liens d'origine interdépendante contient ainsi nécessairement d'autres cycles.

Le fait que le premier des douze liens d'origine interdépendante soit l'*ignorance initiale* et le dernier *la vieillesse et la mort* semble indiquer un début et une fin. Mais lorsque vous prenez conscience que la propulsion du cycle actuel des douze liens d'origine interdépendante nécessite le déroulement simultané d'autres cycles, vous comprenez que, plusieurs séries étant nécessaires et non plus une seule, il ne peut y avoir de fin à ces enchaînements tant que *l'ignorance initiale* n'est pas éliminée. Vous voyez que, la racine fondamentale étant *l'ignorance initiale*, tant que *l'ignorance initiale* n'est pas éliminée il est impossible de sortir de ce cercle.

Dans une transmigration de condition infortunée (*animal, esprit affamé [préta] ou être des enfers*) *l'ignorance initiale*, base des douze liens d'origine interdépendante, est *non-connaissance* du mode d'existence des phénomènes et des relations entre les *karma* (actions) et leurs effets. Cette force de *l'ignorance initiale* produit un *karma* défavorable qui dépose un potentiel dans la conscience, devenant la cause d'introduction dans une transmigration défavorable. Cette cause d'introduction, vivifiée et dynamisée par la *soif* (*désir*) et la *saisie*, lorsqu'elle devient pleinement activée, se transforme en *devenir*. Voilà les causes à l'origine des *résultats introduits* (la *conscience-effet*, le *nom et la forme*, les *bases de connaissance*, le *contact* et la *sensation*) et des *résultats produits* (la *naissance*, la *vieillesse et la mort*) de la souffrance dans une transmigration défavorable.

Dans toute existence de condition fortunée (être humain, *dieu* ou *demi-dieu*), à l'origine des cycles soumis aux douze liens d'origine interdépendante, on retrouve la même *ignorance initiale* : *non-connaissance* des modalités d'existence réelle des phénomènes ; mais dans ces existences supérieures, la *formation karmique* est induite par une action positive (ne pas tuer, par exemple, ou toute autre action bénéfique à autrui). De tels *karma* favorables déposent dans la *conscience causale* des *empreintes* positives dont la conséquence sera une renaissance de condition supérieure (fortunée). La cause introductive est aussi vivifiée et fortifiée par la *soif* (*désir*) et la *saisie* jusqu'à ce qu'elle soit totalement activée en *devenir,* lequel produit les *effets introducteurs* et *producteurs* d'une existence de condition fortunée.

Réfléchir à la façon dont les autres traversent ainsi le cycle des existences est un moyen de développer la compassion. En effet, de nombreuses *méthodes de méditation* ont été développées en fonction des objets qu'elles prennent pour base : réfléchir aux *douze liens d'origine interdépendante* par rapport à soi-même développe la volonté de s'échapper de ces existences cycliques ; réfléchir aux *douze liens d'origine interdépendante* par rapport à autrui permet de développer la *compassion.*

Voilà terminé l'exposé sur la *production interdépendante* en tant que *processus d'enchaînement des renaissances* dans les cycles d'existences.

L'interdépendance et l'imputation en dépendance

Un autre aspect du concept d'interdépendance est la *formation* des phénomènes *en dépendance* de leurs parties. Tous les objets sont constitués de parties. Les objets physiques ont des parties directionnelles, et les phénomènes non matériels, comme la conscience, ont des parties temporelles (des moments antérieurs et postérieurs qui forment leur continuum). S'il existait des particules sans parties (indivisibles), en tant qu'éléments d'objets concrets (à l'extrême minimum, comme les molécules), on ne pourrait faire la différence, par exemple, entre la gauche et la droite ou l'avant et l'arrière. Et quand on est dans l'incapacité de distinguer les côtés d'un objet, on ne peut, même si on en assemble beaucoup conjointement, obtenir autre chose que les dimensions de l'objet original. Il est impossible de les assembler. Par ailleurs, il est établi que les objets matériels sont constitués de quantités de particules microscopiques. Si petites soient-elles, elles ont des parties directionnelles. C'est ainsi qu'on établit par la logique que tout objet physique est composé de parties.

Il en est de même pour tout continuum : si ses plus petits moments n'avaient d'états ni antérieurs ni postérieurs, ils ne pourraient former un continuum. Si un instant de temps n'était pas composé de parties qui lui permettent d'être en contact à la fois avec ce qui précède et avec ce qui suit, il lui serait impossible, étant sans parties, de former un continuum. De même pour les phénomènes permanents, comme l'espace non composé : il y existe des parties, telles que l'espace du quartier ouest et celui du quartier est ; ou encore la partie relative à tel objet ou à tel autre. Tout objet, permanent ou impermanent, stable ou en évolution, se compose de parties.

En outre, quand un objet particulier, son tout ou ses parties – ces dernières étant la *base d'imputation* de l'ensemble –, vient à notre esprit, l'ensemble paraît avoir sa propre identité, et les parties semblent bien être ses parties. N'est-ce pas ainsi ? Bien que le tout dépende de ses parties, et *vice versa*, le tout et ses parties semblent exister de manière autonome. Les deux apparaissent de cette manière à notre pensée conceptuelle ordinaire, mais s'il en était réellement ainsi on devrait pouvoir pointer du doigt le tout séparé de ses parties.

Vous pouvez ainsi constater une différence entre la façon d'apparaître d'un tout et de ses parties, et leur façon d'exister réellement : chacun des deux semble avoir une existence autonome, alors que ce n'est pas le cas. Cela ne veut pas dire que les ensembles composés de parties n'existent pas : sans la possibilité d'ensemble, on ne pourrait parler de parties ; un ensemble n'existe que si l'on peut désigner des sous-ensembles comme étant ses parties. Les ensembles existent donc, mais leur mode d'existence est d'être imputés en dépendance de leurs parties : ils ne peuvent exister d'aucune autre façon. Cette explication concerne tant les phénomènes changeants et impermanents que ceux qui sont immuables et permanents. Son domaine de pertinence est donc plus étendu que l'interprétation précédente des liens d'origine interdépendante, qui se limitait aux phénomènes induits en dépendance de causes et de conditions.

Définition de l'introuvabilité analytique

(ce qui ne peut être trouvé par l'analyse)

Le concept d'interdépendance a des implications d'une extrême profondeur. Il témoigne de ceci : quelqu'un qui n'est pas satisfait de la simple apparence d'un objet et qui recherche par une analyse complète l'objet auquel s'applique l'imputation ne peut rien trouver, à l'intérieur ou à l'extérieur des bases d'imputation de cet objet, qui puisse être désigné comme étant cet objet. Prenons pour exemple le soi, le moi : le moi dirige ou utilise l'esprit et le corps, et le corps et l'esprit sont des objets dont le moi peut disposer. Le moi, le corps, l'esprit existent avec certitude, et personne ne peut contester les fonctions respectives qu'ils remplissent. Le moi est comme un propriétaire auquel appartiennent le corps et l'esprit. Nous disons bien : « Aujourd'hui mon corps est un peu dérangé, et je suis fatigué », ou : « Aujourd'hui, je sens que mon organisme va bien, et je suis en pleine forme. » De telles affirmations sont valides, pourtant il ne vient à l'idée de personne de dire en regardant son bras : « C'est moi » ; il n'empêche que si notre bras nous cause de la douleur, nous disons : « Je souffre, je ne suis pas bien. » De tout cela, il ressort clairement que le moi et le corps sont différents, et que le corps est une entité appartenant au moi.

De même, nous parlons de « mon esprit » ou de « ma conscience », disant par exemple : « Je perds la mémoire, quelque chose ne va pas ! » Vous pouvez même vous sentir en opposition avec votre conscience, avec votre mémoire, n'est-ce pas ?

Nous disons aussi des choses comme : « Je veux améliorer l'acuité de mon esprit, je veux exercer mon esprit », auquel cas l'esprit est à la fois l'entraîneur et l'objet entraîné. Quand l'esprit est indiscipliné, indocile, nous pouvons être comparé à un professeur ou à un entraîneur, et lui à un élève turbulent devant apprendre à faire ce que veut son éducateur. Nous voulons en quelque sorte l'entraîner à nous obéir. Nous disons et pensons ce genre de choses, et les faits le confirment.

En ce sens, le corps et l'esprit sont des entités appartenant au moi qui, de ce fait, en devient le propriétaire. Mais en dehors du corps et de l'esprit, le moi n'a pas d'existence en tant qu'entité séparée, indépendante. Apparemment, toutes les indications concordent qui permettent d'affirmer l'existence du moi, mais quand on le cherche véritablement, il reste introuvable. Par exemple : le moi du Dalaï-Lama doit être dans les limites de cette zone circonscrite par mon corps, il n'y a pas d'autre endroit où il puisse être trouvé. Cela est sûr et certain. Toutefois, si vous y cherchez le vrai Dalaï-Lama, le vrai Tenzin Gyatso, vous ne trouverez pas son moi ayant une substance propre, mais seulement son corps et son esprit. Et pourtant le Dalaï-Lama est un fait, un homme, un moine, un Tibétain, quelqu'un qui parle, boit, dort, est joyeux, n'est-ce pas ? Cela suffit pour prouver l'existence de quelque chose, même si ce quelque chose ne peut être trouvé.

Cela veut dire que parmi les bases d'imputation du moi, rien ne peut être trouvé comme représentant le moi, ou qui soit le moi. Cela signifie-t-il que le moi n'existe pas ? Certes pas. Le moi existe manifestement et indiscutablement. S'il existe sans qu'il puisse être trouvé parmi ses bases d'imputation (constituant l'ensemble dans lequel il existe incontestablement), on peut affirmer qu'il est établi non par son propre pouvoir (sa nature propre), mais par le pouvoir d'autres conditions. Aucune autre conclusion n'est satisfaisante.

Parmi les *conditions* dont dépend l'existence du moi, l'un des facteurs les plus importants est la *conceptualisation qui le désigne*. Il est dit que le moi et les autres phénomènes existent par le pouvoir de la conceptualisation que nous en avons. Dans cette optique, l'interdépendance ne signifie pas seulement *survenu en dépendance de causes et de conditions ou imputé en dépendance d'une base d'imputation*, mais aussi *survenu ou imputé en dépendance d'une conscience conceptuelle qui impute l'objet*.

Dans le terme « interdépendance », « dépendance » signifie « dépendre d'autres facteurs », ou « être relié à d'autres facteurs ». Dès qu'un objet dépend de quoi que ce soit, il n'existe pas par son propre pouvoir, il n'a pas d'existence indépendante. Il est vide de nature indépendante, vide (vacuité) d'une existence produite par son propre pouvoir. Il apparaît, certes, mais en dépendance de certaines conditions. Le bien et le mal, la cause et l'effet, soi-même et autrui, etc., en fait, tout objet établi en dépendance d'autres facteurs apparaît, mais en dépendance. Existant ainsi en dépendance, les objets sont dénués de cette *saisie* extrême d'une existence autogène, de par leur propre pouvoir. De même, dans la mesure où *aider* et *nuire* surviennent et existent, on ne doit pas accepter leur inexistence car leurs effets et leurs fonctions s'accomplissent incontestablement. Dans cette perspective, les causes et les effets des actions *remplissent leurs fonctions*, tout comme le moi qui en est la base. Quand on comprend cela, on se libère de la conception extrême opposée, le nihilisme (affirmation de non-existence).

Cette affirmation de l'*existence en dépendance de la conceptualisation* est porteuse du sens le plus subtil de la notion d'interdépendance. De nos jours, les physiciens expliquent que les phénomènes n'existent pas objectivement en eux-mêmes et par eux-mêmes, mais en relation et en interaction avec un sujet percevant, un observateur.

Il me semble que la relation entre matière et conscience est un domaine où la philosophie orientale – la philosophie bouddhiste particulièrement – et la science occidentale peuvent se rencontrer. Je pense que ce serait là un mariage heureux, sans divorce ! Si des érudits bouddhistes (pas de simples intellectuels, mais ceux qui ont une réelle expérience pratique de cette philosophie) et des physiciens impartiaux pouvaient joindre leurs efforts pour observer, étudier et engager des recherches plus profondes dans le domaine des relations entre la matière et la conscience, nous pourrions découvrir, avant le prochain siècle, de très belles choses qui s'avéreraient peut-être utiles. Cela ne devrait pas être considéré comme ressortant de la religion, mais simplement comme un élargissement de la connaissance humaine.

De même, les scientifiques qui travaillent sur le cerveau humain, comme les neurologues, pourraient tirer avantage des explications bouddhistes sur la conscience – son fonctionnement, ses changements selon les niveaux, etc. Il y a quelque temps, j'ai posé à un neurologue la question du fonctionnement de la mémoire. Il me répondit qu'elle n'était pas encore complètement élucidée. Dans ce domaine également, je pense que nous pourrions travailler ensemble. De plus, certains professionnels occidentaux de la médecine témoignent de l'intérêt pour le traitement de certaines maladies selon notre propre système médical. Voilà un autre domaine possible de projets communs.

Compte tenu que le bouddhisme met l'accent sur l'autocréation, puisqu'il ne conçoit pas de dieu créateur, certaines personnes avancent qu'il ne peut, à proprement parler, être considéré comme une religion. Un érudit bouddhiste occidental m'a dit : « Le bouddhisme n'est pas une religion, mais une sorte de science de l'esprit. » En ce sens, le bouddhisme ne s'inscrirait pas dans la catégorie des religions. Bien que n'étant pas tout à fait d'accord sur ce dernier point, il est juste de dire que le bouddhisme est proche de la science. D'un point de vue strictement scientifique, le bouddhisme est rationnellement reconnu comme une des *voies* spirituelles majeures. Encore une fois, il est regrettable que nous n'appartenions pas à la catégorie des sciences. Comme le bouddhisme n'est ni une religion ni une science au sens strict du terme, il peut servir à créer un lien, à jeter un pont entre la religion et la science. Pour cette raison, je pense qu'il serait bon de faire en sorte que ces deux forces soient plus proches qu'elles ne le sont actuellement.

La majorité des gens sont indifférents à la religion. Et ceux qui y prêtent attention se scindent en deux groupes antagonistes : l'un qui adhère à une foi et à l'expérience de la valeur de la *voie* spirituelle, l'autre qui nie délibérément toute valeur à la religion. D'où le conflit constant qui les oppose. Si, par un moyen ou un autre, nous parvenions à aider au rapprochement de ces deux forces, ce serait bénéfique.

3

Les niveaux de la Voie

Questions-réponses

QUESTION : Votre Sainteté, voudriez-vous clarifier la différence entre les *karma volitifs* et les *karma voulus* ?

RÉPONSE : En ce qui concerne les *karma*, il y a globalement deux systèmes d'explication : pour l'un, tout *karma* est nécessairement le *facteur mental volition* ; l'autre affirme qu'il existe, en plus du facteur mental, des *karma* physiques ou oraux. Dans le premier système, c'est le *facteur mental volition* lui-même qui est appelé *karma volitif*, au moment où il motive initialement un *karma*, alors que le *facteur mental volition* au moment de l'engagement réel dans l'action est appelé *karma voulu* ; ainsi les deux se confondent avec le *facteur mental volition*. L'école qui affirme en plus l'existence des *karma* oraux et physiques explique les *karma volitifs* de manière identique, mais considère que les *karma voulus*, étant produits pendant le déroulement de l'action physique ou verbale, sont physiques ou oraux. C'est l'école *madhyamika-prasanguika* qui affirme que ce dernier système d'explication est plus juste.

Question : Dans sa définition de la conscience, l'école *madhyamika-prasanguika* dit, contrairement à l'école *chittamatra*, que la *base continue* sur laquelle sont déposées les empreintes karmiques est le *simple moi*, et sa *base temporaire*, la conscience. Pouvez-vous expliquer cela plus en détail ? En particulier, comment la *base continue* sur laquelle s'enregistrent les *prédispositions* (*empreintes*) peut être le *simple moi*, puisqu'il n'existe ni de manière intrinsèque ni de manière éternelle. Et quel est le mécanisme qui permet de conserver les *empreintes*, puisque ce n'est pas l'*esprit-base-de-tout* ? Enfin, comment voyagent-elles de vie en vie ?

Réponse : Quand nous disons que le moi existe de manière nominale, qu'il n'est que *simple dénomination*, n'en concluez pas que le moi, le soi n'est rien d'autre que cette dénomination. Du fait que l'objet « moi » n'est pas autoproduit – qu'il ne s'institue pas lui-même, par son propre pouvoir, indépendamment de cette dénomination, mais tient son existence de la dénomination, de l'imputation conceptuelle – on emploie les expressions *simple nom*, ou *imputé par simple dénomination, désignation*. C'est ce qu'indique l'expression *simple moi* : simple signifie qu'on a constaté qu'en cherchant le moi par l'analyse profonde on ne peut le trouver. Mais il n'y a pas que le moi (la base sur laquelle s'impriment les *prédispositions*, les *empreintes*) qui soit simplement *imputé par désignation nominale*, les *empreintes* le sont aussi, tout comme les *karma* qui créent ces empreintes : tout cela est imputé par désignation nominale, ainsi que tout existant (phé-

nomène). Que ces phénomènes soient *simplement
désignés nominalement* ne signifie pas leur complète
inexistence ; mais cela indique précisément que leur
existence n'est pas due à leur propre pouvoir, à leur
propre entité spécifique, à leur propre nature.

Quand il est dit que la *base d'inscription* et de
transmission des empreintes est *simple dénomination*, cela peut éveiller en vous l'idée que leur existence n'a pas de réalité. L'explication précédente
doit vous permettre de vous rendre compte que ce
n'est pas le cas, et que ce n'est pas même très
difficile à comprendre. En ce qui concerne les
modalités de connexion d'un *karma* à son effet,
considérons ceci : dans notre langage conventionnel, nous disons : « Il y a quelque temps, j'ai fait
telle et telle choses » ; le créateur de ces actions
(*karma*) est donc soi-même, cela est un fait. Dans
l'optique où ce soi est considéré comme la conti-
nuation du *simple soi* (désigné nominalement)
auteur de l'action, nous avons raison de nous exprimer ainsi. Mais si nous observons attentivement,
lorsque toute action a cessé nous constatons que le
moi de l'instant présent n'est plus exactement celui
de l'instant précédent. Pourtant, c'est d'une manière innée que nous pensons et disons sans hési-
ter : « J'ai fait cela », et les faits ne le démentent
pas. Par conséquent, l'individu est le responsable
(possesseur-détenteur) de l'action, du karma. Il y a
relation entre l'action (le karma) et son auteur, et
c'est par cette *base-continuum* que se fait le lien du
karma à son effet futur, quelle que soit la durée qui
les sépare. Le continuum du *simple moi* – qui
accomplit le karma et l'accumule – se poursuit

d'instant en instant dans la vie, et lorsque le karma précédemment accompli porte son fruit, c'est ce même *simple moi* accumulateur du karma qui le recueille, et personne d'autre que lui.

Le moi est désigné en dépendance de l'*agrégat mental* et des *agrégats physiques*. Les écoles du *tantra-yoga* distinguent des niveaux grossiers et subtils des agrégats mentaux et physiques. Pour le *tantra-yoga supérieur*, l'ultime base d'imputation du moi est un agrégat subtil qui nous accompagne depuis le commencement des temps ; il s'agit d'un niveau subtil de conscience, un continuum qui est *sans commencement*, sans interruption, et qui a ultimement la capacité d'atteindre la réalisation de l'*état de Bouddha*. La question n'est pas ici de savoir si les esprits sous l'influence des facteurs mentaux perturbateurs peuvent atteindre la *bouddhéité*, ils ne le peuvent évidemment pas ; et les niveaux de conscience grossiers ne le peuvent pas non plus ; il n'y a que le niveau le plus subtil de la conscience qui puisse parvenir à la *bouddhéité*. Ce niveau subtil dure depuis des temps sans commencement et il continue sans fin. Quand nous mourons, nos niveaux grossiers de conscience se dissolvent. À notre dernier jour, au moment de notre mort, l'ultime conscience qui apparaît est le niveau le plus subtil dénommé *claire lumière* : c'est cette conscience-là qui établit la connexion avec la vie suivante. Dans cette optique, les agrégats les plus subtils doivent donc exister continuellement dans l'immense étendue des temps.

Selon les *madhyamaka-prasanguika*, quand un *karma* s'achève et disparaît, sa *désintégration* a une cause, de même que l'*état de destruction* qui la suit, car ces états sont aussi des phénomènes produits. Ainsi, le *karma* produit un *état de destruction* qui est lui-même un phénomène impermanent, continuant d'exister jusqu'au moment de la fructification du *karma* et produisant cette fructification.

Sur cette question de l'émergence du moi, nous venons de voir qu'un *soi* existe depuis le début des temps jusqu'à maintenant ; mais il y a également un *moi* particulier, qualifié par des caractéristiques telles que la jeunesse, par exemple, ou la vie humaine, différente des autres types de vie, de renaissance. Dans la vie actuelle, nous faisons couramment référence au *moi* de notre jeunesse, disant : « Oh, quand j'étais petit, j'étais polisson, mais j'ai bien changé depuis ! » On peut distinguer une quantité de particularités qui caractérisent un *moi*, un « je ». Certaines sont générales et continues, d'autres individuelles et temporaires.

QUESTION : L'énergie matérielle est-elle la même que l'énergie mentale ?

RÉPONSE : En général, parce que matière et conscience sont de nature différente, on considère que les énergies qui leur sont associées sont également différentes. Pour l'énergie mentale, il existe de nombreux niveaux de conscience grossiers et subtils. Plus le niveau de conscience est dépendant du corps actuel, plus il est grossier. Au contraire, plus il est subtil, moins il a de corrélations avec le corps physique grossier. En outre, les niveaux subtils de l'esprit sont plus puissants que les niveaux grossiers, et si l'on est en mesure de les utiliser ils sont beaucoup plus efficaces pour la transformation mentale. Pour discuter correctement des différentes énergies, il faut commencer par examiner les différents niveaux de matière et de conscience.

Question : Comment peut-on s'affranchir (se dégager) de l'ignorance initiale innée ?

Réponse : Certaines ignorances peuvent être supprimées avec de petits efforts, mais l'*ignorance initiale*, racine du cycle des existences, ne peut être supprimée que par des efforts importants. Le thème principal de ces conférences est de savoir comment mettre un terme à l'*ignorance initiale*. Jusqu'à présent, j'en ai présenté les bases, les principes fondamentaux. En se référant à eux, on peut commencer à pratiquer. Aujourd'hui, je vais présenter les niveaux de pratique.

Question : Quelle est la façon la plus habile de se comporter avec la colère et l'agressivité, sans se soumettre à l'agresseur, ni devenir soi-même irascible et agressif ?

Réponse : Si vous laissez libre cours à la colère, que vous l'exprimiez sans cesse, elle vous sera difficilement utile. Étant donné que laisser sortir la colère induit plus de colère encore, cela n'apportera aucun résultat positif. Il n'y aura qu'accroissement des problèmes. Bien que dans certaines circonstances il puisse être nécessaire de contrecarrer l'action néfaste d'autrui, je pense néanmoins que cela peut se dérouler sans colère. Mettre en place des contre-mesures sans éprouver de colère est beaucoup plus efficace que de réagir sous l'emprise de vives émotions, pour la simple raison que de telles influences empêchent d'agir de manière judicieuse. La colère détruit l'une des plus grandes qualités du cerveau humain, le jugement : la capacité de penser « ceci est mauvais », et d'examiner les éventuelles conséquences d'une action, à court et long terme. Pour prendre une bonne décision, il est nécessaire d'évaluer conditions et conséquences. Libre de toute colère, notre faculté de jugement est supérieure.

Il est clair que si vous êtes sincère et honnête dans une société de compétition, en certaines occasions on pourra chercher à profiter de vous. Si vous laissez une personne agir ainsi, elle s'engagera dans une action dommageable et accumulera un karma défavorable qui lui nuira dans le futur. Dans ce cas, il est admis, par motivation altruiste, de réagir afin d'éviter à l'auteur de cette action négative d'avoir à en subir les effets dans le futur. Par exemple, des parents avisés peuvent parfois, sans aucune colère, réprimander ou même punir leurs enfants ; cela est admissible. Mais si vous devenez vraiment coléreux et que vous frappiez trop votre enfant, vous le regretterez vous-même profondément dans le futur. Alors qu'avec la bonne motivation de chercher à améliorer le comportement dérivant d'un enfant il est possible de montrer et d'exprimer des réactions adaptées à l'intérêt de l'enfant à ce moment précis. Les réponses doivent être conçues selon cette méthode.

Si l'on se conforme au *véhicule des soutra*, la colère est déclarée incompatible avec la *voie* spirituelle. L'école tantrique, à l'inverse, explique comment l'on peut utiliser sa colère pour progresser sur la *voie*. Dans ce dernier cas, la *motivation fondamentale* reste la *compassion*, et la colère n'est qu'une *motivation temporaire*. L'objectif est d'utiliser la puissance de la colère sans tomber sous l'influence de ses effets négatifs. Car la pratique devient alors plus efficace ; de la même manière que dans la vie courante, les karma motivés par la colère sont rapides, puissants et efficaces.

QUESTION : Est-il préférable d'essayer de contenir sa colère, ou de la laisser s'exprimer et d'y faire face ?

RÉPONSE : Pour apprendre à identifier l'*aversion* – savoir comment l'objet haï apparaît, et comment l'esprit y réagit, quelle est la nature de l'*aversion*, etc. – il existe une pratique qui consiste à conduire volontairement son esprit dans un état d'*aversion* pour l'examiner ; mais il ne s'agit alors pas d'une colère (*aversion*) réellement exprimée contre autrui. Si, voulant sortir, vous sentez que vous risquez d'être emporté par la colère, il vaut mieux verrouiller votre porte – vous-même à l'intérieur – et générer la colère tout seul, afin de l'examiner !

Pour certains problèmes mentaux, comme la dépression, il peut être utile de les laisser s'exprimer et de n'en discuter que plus tard : cela réduit le sentiment intérieur d'inconfort. Mais les autres types de crise mentale, comme la colère, le fort *attache-*

ment, se reproduiront d'autant plus qu'on les laisse s'exprimer ; pour les affaiblir, il n'y a qu'une seule solution : les contenir. Il ne faut pas attendre et laisser se développer colère et *attachement* à un niveau élevé pour tenter de les contrôler, car c'est alors très difficile de les restreindre. Il est préférable de réfléchir régulièrement, par des pratiques quotidiennes, aux bénéfices et aux avantages de la compassion, de l'amour, de la gentillesse, etc., et aux désagréments, aux défauts de la colère. De telles réflexions menées de façon répétée, jointes au développement de la compréhension de la valeur de la compassion et de l'amour, renforcent continuellement cette appréciation et l'accroissent, ce qui a pour effet de nous détacher de la colère et de nous incliner à l'amour. Sous l'influence de cette force, même quand la colère vous envahit elle ne s'exprime plus de la même manière et son intensité diminue. Voilà le *chemin de la pratique* : il faut y consacrer du temps, parce que les attitudes mentales ne peuvent être changées que graduellement.

QUESTION : Si le moi, le je, n'existe pas, comment peut-on faire des efforts en pratiquant la méditation ?

RÉPONSE : Très vraisemblablement, il s'agit là de la mauvaise interprétation dont nous avons parlé précédemment : nous méprenant sur la signification de la vacuité de l'existence intrinsèque, nous en concluons la vacuité de l'existence elle-même, qui nous conduit à considérer que rien n'existe. Le nihilisme est une erreur. Si vous pensez que vous n'exis-

tez pas, plantez une aiguille dans votre doigt !
Même si vous ne pouvez identifier clairement le
moi, il est net qu'il existe !

QUESTION : Mon maître m'a donné beaucoup
d'enseignements et d'initiations, mais maintenant
j'ai quelque peu perdu confiance en lui. Que dois-je
faire ?

RÉPONSE : C'est le signe que vous n'avez pas été
assez prudent au début. Si la seule confiance suffi-
sait, Bouddha n'aurait eu aucune raison de définir
les qualifications nécessaires d'un maître, en enseignant avec force détails ce sujet dans les *traités
d'éthique*, dans tous ses *discours* et dans les *mantra
secrets*. Il est d'une grande importance pour chacun,
maître ou lama, et élève ou disciple, de passer un
certain temps à s'évaluer l'un l'autre. Il arrive pourtant que la situation dont vous parlez se produise
effectivement ; nous devons considérer de telles
expériences comme des avertissements et comprendre que nous avons besoin d'une base solide : il
est important d'analyser, d'évaluer par nous-même.
J'ai l'habitude de dire que lorsque l'on commence à
recevoir des enseignements il n'est pas nécessaire
de considérer l'enseignant comme un maître ; il suffit de le considérer comme un ami spirituel, de qui
vous obtenez des indications. Ainsi, petit à petit
vous jugerez par vous-même la personne et gagne-
rez une réelle conviction de ses qualifications ; ce
n'est qu'ensuite que vous pourrez le ou la considérer comme « votre » maître. Voilà la bonne façon de
procéder.

Pour répondre à la question de savoir ce que vous devez faire maintenant : si vous êtes dans la situation d'une confiance que vous aviez placée en lui dès le départ, et que vous constatez maintenant perdue, plutôt que de nourrir des reproches envers lui personnellement, mieux vaudrait développer une attitude de neutralité, d'indifférence. Autrement dit, il est parfois plus utile de réfléchir sur le fait que le bouddhisme, et particulièrement la *voie du grand véhicule*, affirme que l'un de nos meilleurs maîtres est justement notre ennemi. Si un ennemi vous fait délibérément du tort, c'est une pratique fondamentale que de développer un profond respect et un sentiment de gratitude envers lui. C'est le cas ici, d'autant plus que votre maître, selon toute probabilité, ne vous nuit pas délibérément. Considérer la situation selon cette optique aide efficacement à l'amélioration de votre état d'esprit.

QUESTION : Que pensez-vous du fait que des étudiants occidentaux du bouddhisme s'engagent dans les pratiques de *déités protectrices* ?

RÉPONSE : C'est un sujet compliqué. Pratiquer la religion ou non est affaire individuelle et ne concerne que soi-même. Toutefois, il est important de comprendre la place, la fonction d'une telle pratique. Quand nous considérons l'histoire de cette tradition, nous pouvons voir que la théorie des *déités protectrices* provient de la pratique tantrique. Le *véhicule des soutra*, où il est fait occasionnellement mention des quatre grands rois, ne cite pas d'autres déités que Mandjoushri, Avalokiteshvara, Tara, Maitreya et

Samantabhadra. Dans l'ouvrage de Maitreya, *Ornement pour la Claire Réalisation*, on trouve dans la
série d'entraînement aux *six attentions* une pratique
d'état d'attention aux dieux ou aux déités, et il est
possible que ces déités, ainsi que les quatre grands
rois, apparaissent dans le cadre de cette pratique. Le
but d'un tel entraînement est de se les remémorer en
tant que témoins de nos actions (karma).

Par ailleurs, de nombreux textes tantriques font
mention de *déités protectrices*. Dans le *véhicule des
tantra*, le pratiquant d'une *déité protectrice* doit
d'abord obtenir l'initiation, et atteindre ensuite un
profond état de méditation, dans lequel les visualisations du *yoga de la déité* le rendent apte à exécuter
cette pratique. Après s'être imaginé soi-même en
tant que déité dans un mandala, on visualise une
déité protectrice en face de soi et on lui donne l'ordre
d'influer dans un champ d'action particulier. Voilà
la seule *voie* efficace pour vous engager dans la pratique d'une *déité protectrice* : vous devez d'abord en
obtenir vous-même la qualification.

Dans le passé, beaucoup de Tibétains faisaient le
contraire : ils négligeaient complètement cette pratique par rapport à eux-mêmes, et se contentaient
de rechercher les faveurs d'une *déité protectrice*.
Cela est absolument incorrect et néfaste. La déité
protectrice n'en vient à nous obéir qu'après la réalisation de l'apparence claire de soi-même en tant
que déité, où l'on obtient la conscience d'être totalement cette déité ; la pratique ne consiste pas en ce
que la *déité protectrice* prenne le contrôle de notre
propre esprit.

En réalité, le meilleur protecteur est le Bouddha, ses Enseignements (*Dharma*) et la communauté spirituelle (*Sangha*). En un sens plus difficile à saisir, c'est notre propre *karma* qui est actuellement notre protecteur et notre destructeur. Si vous vous posez la question de savoir ce qui peut véritablement vous aider, la réponse est : vos *karma* positifs, favorables. Si vous recherchez ce qui vous nuit réellement, vous découvrirez que ce sont vos *karma* négatifs, défavorables. Il est important de comprendre cela. Avec les bases fondamentales que je viens de vous expliquer, chacun peut juger et décider individuellement.

QUESTION : Est-ce que le désir conduit toujours à l'attachement ?

RÉPONSE : La langue tibétaine fait une nette distinction entre *'dod pa* et *'dod chags* ; le premier terme signifie désir, souhait ou vouloir – raisonnables ou non – alors que le second est assurément un facteur perturbateur. On nomme *arhat* une personne qui a réussi à passer au-delà, à se libérer du cycle des existences. Dans le continuum mental d'un *arhat,* on trouve une forme de désir, mais raisonné, maîtrisé. Malgré cette distinction de vocabulaire, au début de la pratique, quand on est encore un être ordinaire, il est difficile de discriminer le simple désir et la *soif* (désir) qui est un facteur perturbateur. De sorte que notre *foi* (confiance) et notre *compassion* peuvent encore rester longtemps polluées par la conception erronée de l'existence intrinsèque, par laquelle nous-même et nos objets de foi ou de compassion sont vus à tort comme existant de manière absolue, de par leur propre nature. Il est difficile de les distinguer au début, mais une pratique bien fondée et régulière nous permet graduellement d'identifier les facteurs de l'ignorance et les facteurs perturbateurs, et notre pratique devient alors de plus en plus juste.

La Voie

Les douze liens interdépendants du cycle des existences sont une présentation de notre situation fondamentale (facteurs perturbateurs, karma contaminés et souffrance). Il est donc primordial d'analyser si l'esprit peut, ou non, se libérer de cette *ignorance initiale*. Tous les types de conscience que nous pouvons observer et analyser sont dépendants de conditionnements et d'habitudes. Une conscience erronée, même si elle est extraordinairement puissante par la force de l'habitude, n'a pas de fondation valide fondée sur une connaissance exacte : une telle conscience ne peut s'accroître sans rencontrer de limites. Inversement, une conscience même faible par manque d'expérience mais validement fondée, peut accroître son potentiel, par le simple fait que l'entraînement régulier est lui-même source de puissance. Et elle peut même, à la longue, par une pratique régulière et persévérante, devenir sans limites.

Il a été dit précédemment que les qualités dépendant de l'esprit ont nécessairement une base stable, puisque la conscience n'a ni début ni fin. Les qualités mentales ont donc une base constante, qui réside dans la conscience elle-même. Si l'on cultive régulièrement ces qualités, il ne sera pas nécessaire de renouveler à chaque pratique l'effort indispensable pour les acquérir initialement : c'est ainsi que leur force va s'accroître, petit à petit. Quand une qualité mentale est déjà présente avec une certaine vigueur dans l'esprit, il n'est plus nécessaire de reproduire, à chaque activation, la totalité de l'effort (requis normalement) pour la porter à ce niveau. Par conséquent, si vous pratiquez régulièrement, l'entraînement améliorera sans cesse cette qualité.

Dans la mesure où la souffrance a pour origine l'*ignorance initiale*, on peut dire que la souffrance provient de l'esprit qui ne s'est pas encore discipliné. De même, dans la mesure où la libération de la souffrance dépend du déracinement et de la destruction de l'*ignorance initiale* présente en l'esprit, on peut dire qu'elle provient de la maîtrise de l'esprit. La non-maîtrise de l'esprit conduit à la souffrance, alors que sa maîtrise mène au bonheur. Le contrôle de l'esprit n'est réalisable que par un entraînement mental régulier. Et comme ce(lui) qui se discipline est un type particulier d'esprit et ce qui est discipliné est aussi l'esprit, il est nécessaire d'être qualifié en psychologie. C'est pour cette raison que les textes bouddhistes accordent une grande attention à la présentation de la *conscience*.

Parmi les états d'esprit non maîtrisés, le plus incontrôlé de tous – le niveau le plus grossier qui appréhende les choses de manière erronée – est appelé la *perception fausse*. Au fur et à mesure que vous commencez à comprendre l'Enseignement,

cette *conscience erronée* se transforme en *doute*. Il y
a trois niveaux de *doute* : le plus bas, le doute qui
incline vers ce qui est faux ; le niveau moyen qui
tend avec une force égale vers le vrai et le faux ; le
niveau supérieur qui tend vers le vrai. Par la pratique, le doute se transforme progressivement en un
niveau appelé *assertion correcte* (*perception précaire*),
qui à son tour se transforme en *inférence* grâce à un
entraînement continu constitué de réflexions fondées sur des raisonnements. En s'accoutumant aux
compréhensions nées de l'inférence et en développ-
pant de plus en plus l'apparence claire de l'objet
appréhendé, on atteint la *perception directe* qui réalise cet objet.

Pour surmonter les perceptions fausses qui acceptent ce qui est pourtant contraire aux faits, il existe
une technique qui consiste à réfléchir à leurs conséquences absurdes. C'est pour cela que les textes
bouddhistes sur la logique présentent de nombreuses formes de conséquences absurdes qui permettent d'affaiblir la force d'adhésion à ces *vues*
fausses. Ensuite, le niveau du doute étant atteint, il
est possible d'utiliser des raisonnements syllogis-
tiques conduisant à une compréhension par inférence. Voilà pourquoi il est important d'étudier les
livres des deux piliers de la logique, Dignaga et
Dharmakirti, afin de développer et d'accroître la
sagesse qui discrimine les phénomènes. En suivant
cette méthode, le pratiquant générera progressivement la *sagesse produite par l'écoute*, la *sagesse produite par l'étude* et, finalement, la *sagesse produite
par la méditation*.

Progression dans la pratique

En pratiquant de la sorte, vous constaterez graduellement que la conscience peut vraiment être transformée. Dans cette perspective, vous pouvez prendre conscience de l'efficacité de la pratique de la *non-violence*. Le premier niveau de la pratique est de s'abstenir de comportements ou d'activités dommageables ou nuisibles à autrui ; le deuxième est de mettre en place des antidotes aux *facteurs perturbateurs* conduisant aux actions défavorables (négatives) ; et le troisième est d'éliminer les *empreintes* précédemment établies par les *facteurs perturbateurs*. C'est en réfléchissant à la manière dont l'*ignorance initiale* provoque les désagréments de l'existence cyclique que l'on peut conclure à la nécessité de pratiquer ces trois niveaux de non-violence : commencer par restreindre les activités négatives des *facteurs perturbateurs*, les restreindre eux-mêmes directement, et réduire finalement les *empreintes* établies par ces facteurs mentaux.

Pour effacer ces empreintes latentes, il est d'abord nécessaire de mettre fin aux facteurs perturbateurs ; sinon, il n'est pas possible d'éliminer les empreintes inscrites par eux dans l'esprit. L'état d'esprit libéré de tous les facteurs perturbateurs et de leurs empreintes est appelé *bouddhéité*, alors que la simple suppression des facteurs perturbateurs est le stade d'*arhat*.

La destruction des facteurs perturbateurs et des empreintes inscrites par eux ressemble à un combat : avant d'attaquer, il est important de s'engager avec prudence dans une attitude défensive, pour éviter de tomber sous l'influence de quelque émotion contraire. C'est pourquoi il est important au début de s'abstenir des *karma* négatifs du corps et de la parole (physiques ou oraux). Le but final est la suppression de tous les facteurs perturbateurs, ainsi que de leurs empreintes : y parvenir c'est réaliser la bouddhéité. Pour se donner les moyens d'atteindre cet objectif, il faut d'abord faire en sorte de ne pas être sous l'influence de ces négativités.

Restreindre les activités négatives issues des facteurs perturbateurs

En agissant de manière égocentrique, et en commettant des karma négatifs comme tuer, voler, être infidèle, mentir, médire, parler brutalement ou futilement, vous ne nuisez pas seulement à autrui, mais également à vous-même. Même si vous ne tenez aucun compte de la souffrance causée à autrui, et ne vous préoccupez que de la violence que vous vous infligez par les *causes et effets* de vos actions (*karma*) vous maintenant dans le cycle des existences, vous pouvez constater qu'il est nécessaire de restreindre les karma négatifs du corps et de la parole. En mûrissant votre réflexion, vous développerez la conviction que nuire à autrui vous conduit à votre propre perte. C'est en analysant et en méditant sans relâche cette situation qu'elle vous apparaîtra clairement.

Il est également bénéfique de réfléchir à l'impermanence. Quelle que soit la longueur de votre vie, elle aura une fin, n'est-ce pas ? Par rapport à la formation de l'univers et aux temps géologiques, la vie d'un être humain est très courte, même si l'on devient centenaire. Dans ces circonstances, il est absurde de concentrer toute son énergie, mentale et physique, à accumuler de l'argent ou des possessions. Puisqu'il est clair que la richesse ne nous aidera que dans cette vie, il est préférable de réduire l'avidité extrême.

À ce niveau d'enseignement, la référence à l'amour et à la compassion pour autrui n'intervient pas encore. Il est juste dit que, même si vous ne considérez que votre propre bien-être, il est important de vous rendre compte que ces actions négatives sont malsaines pour vous-même. Ainsi, si vous réfléchissez à la situation actuelle du monde, il est clair que, quels que soient les progrès matériels réalisés, ils ne peuvent répondre aux besoins individuels des êtres humains. Les progrès matériels résolvent effectivement les problèmes en certains domaines, mais dans le même temps ils en génèrent souvent de nouveaux. Notre expérience nous permet de constater que le seul progrès matériel n'est pas suffisant au bonheur humain.

Et à ce stade encore, il est bénéfique de réfléchir à la chance d'avoir obtenu l'opportunité de vivre sous une forme humaine. Analyser et méditer la façon positive dont le corps humain peut être utilisé fait vraiment comprendre qu'il est stupide de s'en servir pour causer des torts et des dommages. Ainsi, pour un certain nombre de personnes, il est bénéfique de réfléchir aux souffrances expérimentées dans les trois plans de transmigration défavorable : les êtres des enfers, les esprits affamés (*préta*) et les animaux.

S'il vous est difficile de croire immédiatement à l'existence des êtres des enfers, vous pouvez au moins considérer les nombreuses souffrances que supportent les animaux. Vous pouvez les voir de vos propres yeux. Examinez si, au cas où vous étiez né dans cette forme d'existence, vous seriez capable de résister à tant de souffrance.

La plupart d'entre nous peuvent déjà constater la présence en leur esprit de nombreuses *empreintes*, établies par des actions négatives et motivées par *l'ignorance sans commencement*, qui pourraient bien les conduire à renaître en animal. Nos continuums mentaux comportent des *causes* prêtes à nous pousser dans de telles existences ; et nous devons considérer quelle serait l'ampleur de nos souffrances si nous avions repris naissance dans ce type d'existence. Jusqu'à présent nous n'avions fait qu'observer les animaux ; maintenant, nous devons nous imaginer vivant avec eux, comme l'un d'entre eux : vérifier si nous pourrions le supporter effectivement ou pas. Raisonner ainsi développe la volonté d'échapper à ce mode d'existence. Les *substances* qui engendrent ce genre d'effets (renaissances défavorables) sont les *karma de malveillance et de violence* à l'égard d'autrui.

Voilà en quoi consiste le premier niveau de réflexion sur les inconvénients de la violence, et la nécessité de restreindre les activités négatives du corps et de la parole. Et pourtant, il n'y a aucune garantie que, même si vous parveniez à diminuer les négativités du corps et de la parole au cours de la présente existence, vous ne resteriez pas sous leur influence dans la vie prochaine. C'est pour cette raison que la meilleure parade est le stade suivant de la pratique de la non-violence, qu'on peut appeler *engagement actif*.

Diminuer
les facteurs perturbateurs eux-mêmes

Les facteurs perturbateurs qui nous apportent tous ces troubles sont ceux décrits dans les douze liens d'origine interdépendante. La racine de ces liens est l'*ignorance initiale* qui fait concevoir les objets comme existant de manière intrinsèque ; la force de cette *ignorance initiale* induit *attachement* et *aversion*, ainsi que beaucoup d'autres types de facteurs perturbateurs, comme l'orgueil, le doute, l'inimitié, la jalousie, etc. Ce sont eux les véritables facteurs de troubles, il n'y en a pas d'autres. Quand nous analysons les problèmes et les crises de notre monde actuel, que ce soit dans les relations internationales ou dans notre famille, il est clair qu'ils n'existent qu'en dépendance de nos colères, de nos jalousies, en bref de nos *attachements* et *aversions*.

Considérons celui que nous nommons « ennemi » et détestons avec tant d'énergie. Parce qu'il ne maîtrise pas son esprit, il s'engage dans des activités qui nous portent préjudice, et c'est à cause de cela que nous le tenons pour un ennemi. Si la colère, le désir de nuire, était dans la nature profonde de cette personne, elle ne pourrait en aucun cas se modifier ; or, il n'y a pas d'exemple où l'*aversion* soit un constituant stable de la nature d'une personne. Ce qui se produit en elle, tout comme en nous-même, c'est la manifestation d'un comportement négatif sous l'influence d'un facteur perturbateur qu'on a laissé s'épanouir. Nous-même nous engageons dans des comportements nocifs, n'est-ce pas ? Et nous ne pensons pas pour autant être complètement (définitivement) mauvais. Il en va de même pour cette personne que nous considérons comme notre ennemi. Par conséquent, la cause réelle du trouble n'est pas la personne elle-même, mais le facteur perturbateur qui l'influence. Le véritable ennemi est le ou les facteurs perturbateurs internes.

Pour nous, pratiquants spirituels, le réel objectif, l'enjeu de la lutte, se trouve en nous-mêmes. Cela peut prendre du temps, mais c'est la seule manière d'amoindrir les défauts humains. Par cette pratique, nous pouvons obtenir une plus grande paix mentale, non seulement à long terme dans les vies futures, mais ici et maintenant, jour après jour. Nous pouvons trouver en l'esprit, clairement et nettement, un calme et une paix véritables. La paix de l'esprit est détruite à la base par l'*aversion*, la colère. Bien que tous les états d'esprit négatifs soient facteurs de troubles, c'est l'*aversion* qui est la plus destructrice.

Pour l'obtention individuelle de cette paix de l'esprit, la question cruciale est de savoir si les facteurs perturbateurs peuvent être maîtrisés. À ce stade, l'entraînement consiste à réellement les surmonter et à s'attacher à détruire leur racine : l'ignorance concevant l'existence comme intrinsèque. Pour y parvenir, il est nécessaire de *générer par le raisonnement* une conscience qui perçoive les objets de manière exactement opposée à l'*igno-*

rance initiale. Seule une conscience de cette nature peut être un antidote efficace aux facteurs perturbateurs.

Dans la mesure où l'*ignorance initiale* perçoit les phénomènes comme existant de leur propre côté, il est indispensable, pour venir à bout de cette *conception erronée,* de réfuter au moyen de raisonnements l'objet qu'elle a conçu : l'existence inhérente. Nous devons nous rendre compte que les objets n'existent pas de façon intrinsèque : ils n'existent pas en eux-mêmes ni par eux-mêmes. Il est crucial de s'assurer par un raisonnement correct que les objets conçus par une conscience influencée par l'*ignorance initiale* n'ont pas le statut qu'elle leur octroie. On doit donc commencer par réfuter rationnellement l'objet tel qu'il apparaît à la conscience erronée. Voilà pourquoi une conscience qui comprend rationnellement la *vacuité* (vide d'existence intrinsèque) acquiert un grand impact.

Pour accéder au niveau (de la *vue* capable de réaliser la vacuité) requis, qui sera l'antidote pouvant déraciner l'*ignorance initiale,* il ne suffit pas de générer une conscience inférentielle, juste capable de réaliser la vacuité par le raisonnement. Il faut en plus porter cette *compréhension déductive* au niveau de la *perception directe* non conceptuelle de la *vérité de la vacuité de l'existence intrinsèque* : pour cela, il est nécessaire de recourir à la *concentration.* Un profond niveau de *concentration* permet de développer un *samadhi,* une *absorption méditative* qui est une union du *calme mental* (*shamatha*) et de la *vue supérieure* (*vipashyana*). C'est la raison pour laquelle il est dit que pour générer la « sagesse de la conscience », constituée par la *vue supérieure* à propos de la vacuité, il est nécessaire de générer tout d'abord le *calme mental* (*shamatha*) dans l'esprit : une pacification et une canalisation de la conscience. Cela développe non seulement l'habileté de l'esprit à rester concentré sur son sujet d'observation d'une façon claire et vigilante, mais aussi la vivacité et l'acuité de l'esprit dans la vie quotidienne, même pour ceux qui ne croient pas à la réincarnation : progressivement, jour après jour, l'esprit devient plus fin, plus vigilant et plus capable. Ce sont là les principales raisons qui fondent les explications précises données pour pratiquer la méditation de concentration.

Quelqu'un qui veut obtenir ce calme mental permanent doit éviter de vivre comme nous actuellement ; il doit s'isoler dans un endroit retiré, où il pourra développer une pratique régulière sur une longue période de temps. Il est également conseillé d'utiliser les pratiques tantriques pour travailler à la réalisation du calme mental. Mais ceux qui ne sont ni aptes à une telle pratique intensive, ni prêts pour cela, auront avantage à se lever tôt le matin et à utiliser immédiatement leur esprit – pendant qu'il est encore clair – pour rechercher ce qu'est la nature de l'esprit, ou son identité, en écartant systématiquement tout autre sujet de préoccupation. Cette pratique aide à garder l'esprit vigilant, et à préserver ainsi l'acquis pour le reste de la journée.

Pour atteindre le stade où les distractions subtiles internes sont elles-mêmes pacifiées (neutralisées) et où l'esprit reste constamment vigilant et concentré sur le sujet qu'il observe, il est tout d'abord nécessaire de restreindre les niveaux grossiers de distraction, les négativités principales du corps et de la parole, qui dispersent l'esprit dans les objets d'*attachement* et d'*aversion*. Pour cela, il est incontournable de s'exercer à l'éthique. Le bouddhisme comporte deux niveaux principaux d'éthique : un pour ceux qui ont une vie familiale, un autre pour ceux qui s'en sont détachés. Et l'éthique destinée aux laïcs comporte elle aussi plusieurs niveaux. Cette diversité tient au fait que Bouddha enseigna ces différents systèmes en fonction des différents niveaux de capacité présents en chacun. Il est indispensable de trouver et de suivre un enseignement qui s'accorde à vos dispositions mentales particulières : c'est la seule manière d'obtenir des résultats satisfaisants.

C'est parce que les préoccupations et les dispositions des êtres sensibles sont nombreuses et variées que Bouddha enseigna tant de niveaux de pratique différents. Il est bénéfique d'en prendre conscience, non seulement pour avoir une perspective juste sur les Enseignements bouddhistes, mais aussi pour développer du fond du cœur un véritable respect pour les différents systèmes religieux de ce monde, puisque chacun d'eux est bénéfique à ceux qui leur accordent leur confiance. Même s'il existe entre elles des différences philosophiques importantes, souvent fondamentales, on peut pourtant voir que ces philosophies sont toutes appropriées et bénéfiques à la conduite de vie de la pluralité des êtres humains, tant on rencontre de diversités de centres d'intérêt et de dispositions. Comprendre, cela fait naître une attitude de profond respect. Dans le monde actuel, nous avons besoin de ce genre de respect et de compréhension mutuels.

Le bouddhisme en Occident

Un certain nombre de moines et de nonnes occidentaux sont présents dans cet auditoire. Je respecte votre décision d'avoir choisi l'ordination, mais il ne faut jamais se hâter de prononcer des vœux. Il est préférable de commencer par se remémorer que si Bouddha a enseigné tant de pratiques différentes adaptées au niveau de capacité de chacun, il est d'abord primordial de déterminer son propre niveau de capacité et de ne s'engager que graduellement en fonction de lui. Pour les Occidentaux voulant sincèrement pratiquer le bouddhisme, il est important de rester des bons citoyens et des membres responsables de la société dans laquelle ils vivent, et de ne pas se séparer de leur communauté culturelle d'origine. Il est important pour eux d'adopter l'*essence* des Enseignements de Bouddha, tout en ayant conscience que le bouddhisme pratiqué par les Tibétains est influencé par la culture tibétaine, et que ce serait une erreur de vouloir pratiquer une forme « tibétanisée » de bouddhisme. Essayer de « tibétaniser » complètement votre pratique sera, avec le temps, source de difficultés (un tel système ne pouvant convenir à votre mentalité) et provoquera un malaise dans les relations sociales. Actuellement, nombre de personnes agissent en copiant les Tibétains, au point même de perdre la tête d'une manière très surprenante. Plutôt que de tenter d'imiter des pratiques culturelles tibétaines, mieux vaut rester dans votre propre cadre culturel et appliquer les Enseignements de Bouddha dans ce que vous leur trouvez de directement utile et efficace pour vous-même. Continuez d'exercer votre profession, restez membre de votre communauté. Bien que les centres déjà établis soient utiles et à préserver, il n'est pas nécessaire, pour pratiquer le bouddhisme, de rejoindre un de ces centres pour y résider.

Aujourd'hui, nous avons parlé des deux premiers niveaux de pratique : la lutte contre les facteurs perturbateurs. Demain nous étudierons le troisième niveau : la manière de développer la compassion en vue de détruire les obstructions à l'omniscience que sont les empreintes nées des facteurs perturbateurs. Il faut commencer par s'exercer à l'*éthique*, qui est la base de toute pratique ultérieure. Ensuite, par la pratique de la *concentration*, l'esprit devient si puissamment canalisé qu'il gagne en efficacité dans la méditation sur la vacuité, laquelle permet finalement de surmonter les obstructions à l'omniscience : les empreintes nées de la conception de l'existence intrinsèque. Il convient d'abord de supprimer les obstructions acquises intellectuellement, puis d'éliminer graduellement les obstructions innées. Les obstructions innées comportent différents niveaux de facteurs perturbateurs qu'il faut tous surmonter, mais on parvient finalement à extirper complètement l'*ignorance initiale*, racine de tous les facteurs perturbateurs : la conception de l'existence intrinsèque. Cette *ignorance initiale* et tous les facteurs perturbateurs induits par elle s'éteignent ou sont pacifiés dans la *sphère de la réalité*. La *sagesse réalisant la vacuité* dissout directement l'*ignorance initiale* concevant l'existence intrinsèque ; l'extinction de cette ignorance dans la sphère de la réalité a pour nom *libération*. Le protecteur Nagarjuna le dit ainsi dans le *Madhyamakasastra* (*Traité de la voie du milieu*) :

> « Quand les *karma* et les *klésha* (facteurs perturbateurs) cessent, c'est la *libération*.
> *Karma* et *klésha* proviennent des fausses conceptions (*vues erronées*), qui elles-mêmes proviennent des projections fictives.
> Les projections fictives cessent dans la *vacuité*. »

Les karma contaminés et les facteurs perturbateurs sont produits par une mauvaise conceptualisation, qui est elle-même produite par l'acceptation de la conception de l'existence intrinsèque. Ces projections conceptuelles cessent, soit *grâce* à la vacuité, soit *dans* la vacuité : les deux interprétations sont bonnes. Sur le plan concret, cela signifie que les projections conceptuelles cessent grâce à la *vue de la vacuité réalisée* ; mais aussi que, puisque le lieu de leur cessation ou de leur extinction est la *réalité de la vacuité elle-même*, c'est également en elle que cessent les projections fictives relatives à la conception de l'existence intrinsèque. Cette réalité – la *vacuité* dans laquelle la force de la *sagesse-antidote* dissout tous les facteurs perturbateurs, l'*ignorance initiale*, etc. – est la *vraie cessation*, c'est-à-dire la *libération*.

4

Valeur de l'altruisme

Questions-réponses

QUESTION : On m'a dit que si j'ai tendance à som-
noler en méditant sur la respiration, c'est que cette
méthode particulière ne me convient pas et que je
dois en chercher une autre. Confirmez-vous cela ?

RÉPONSE : Lorsqu'on commence à méditer, il arrive
souvent qu'on s'assoupisse, et même qu'on s'en-
dorme ; c'est pour cette raison que je conseille aux
insomniaques de réciter des mantra !

Pendant la méditation, l'esprit peut passer sous
l'influence de la torpeur, une lourdeur de l'esprit et
du corps qui mène à la somnolence, et même au
sommeil. Cela est dû à un relâchement trop fort de
l'esprit dans sa saisie de l'objet ; pour éviter cela, on
utilise des techniques de remise en tension qui lui
rendent sa vitalité. Si cette pratique est sans résultat, on peut essayer de fixer son attention sur un
objet brillant ou sur les détails de l'objet de méditation (les états comme la mollesse et la léthargie
étant dus à un trop grand retrait de l'esprit à l'intérieur de soi-même). Si l'on n'y parvient pas, on peut
s'interrompre et plonger son regard dans le pay-
sage, ou se rafraîchir le visage avec de l'eau, ou sortir prendre l'air…

Pour répondre à votre question : si vous vous endormez anormalement en vous concentrant sur votre respiration, et que cela ne se produise pas lors d'une concentration sur un autre objet, le problème peut être relié à des facteurs physiques. Dans ce cas, il est préférable de changer d'objet de méditation et de concentrer votre attention sur un élément spécifique, ou un type particulier de lumière, à un endroit précis du *canal central*. En vous concentrant sur la respiration, il peut aussi être judicieux de méditer sur la lumière dans la partie supérieure du corps. On dit généralement qu'en cas de relâchement ou d'engourdissement de l'esprit il est bénéfique de déplacer l'objet de concentration vers le haut ; et, à l'inverse, qu'en cas de trop grande excitation il est efficace de déplacer l'objet de concentration vers le bas. Le remède dépend de la situation particulière de chaque méditant.

QUESTION : Quel conseil donneriez-vous aux parents d'une enfant de sept ans atteinte d'un cancer du cerveau ? Elle est actuellement en traitement ici, à Londres.

RÉPONSE : Les parents doivent tout tenter pour la guérir grâce à un traitement médical. Dans certains cas, il est bénéfique d'employer en complément des techniques de méditation telles que la récitation de mantra ou la pratique de certaines visualisations, dont l'efficacité dépend néanmoins d'un grand nombre de facteurs. Le bouddhisme dit aussi que lorsque les remèdes n'ont donné aucun résultat effectif, c'est l'indice qu'il serait plus bénéfique de réfléchir à la *loi du karma* : la loi inévitable des causes et des effets des actions. Ceux qui croient en un Dieu créateur peuvent penser que les difficultés sont imputables à la volonté de Dieu, et trouver un secours en ressentant les choses de cette façon. Ce qui importe par-dessus tout est que cette jeune enfant reste mentalement sereine. L'essentiel est là : il n'est pas possible de faire d'autres suggestions. On dit que lorsque l'effet d'un *karma* a atteint sa pleine maturité, il est très difficile de l'arrêter.

QUESTION : On dit que les progrès sur la voie spirituelle dépendent de la foi. Quelle est la cause substantielle de la foi ?

RÉPONSE : Il y a, d'une manière générale, trois catégories de foi : la *foi fondée sur l'admiration*, la *foi-émulation* par laquelle on souhaite réaliser des qualités bénéfiques et la *foi fondée sur la conviction*. Pour cerner les causes principales de la *foi*, il est bon de réfléchir aux raisons qui provoquent l'apparition de la confiance et, parallèlement, de développer une expérience personnelle directe. Plus vous approfondirez votre raisonnement, plus votre conviction s'intensifiera, ce qui, à son tour, induira l'expérience directe par laquelle la foi s'affermira encore.

Comme les autres types d'expérience spirituelle, la *foi* se répartit en deux grandes catégories. La première rassemble les expériences dont les causes adventices surviennent soudain et nous submergent ; la seconde est constituée d'expériences provenant d'efforts accumulés sur une longue période de temps. Ces dernières sont plus stables, mais les expériences spontanées sont très bénéfiques. Lors de ce type d'expérience soudaine, profonde et extraordinaire, il est important de savoir en tirer parti immédiatement en la soutenant par un effort adéquat.

QUESTION : Comprendre cette grande diversité de niveaux de pratique me semble difficile. Y aurait-il une pratique simple, mais fondamentale, dont je puisse me souvenir ?

RÉPONSE : Voici ce que je dis habituellement quand je dois être bref : aidez les autres si vous en êtes capable, et sinon, évitez au moins de leur nuire. Telle est la pratique primordiale. L'essence de l'Enseignement du *petit véhicule* (le véhicule des « auditeurs » : *shravaka*) est de refréner notre propension à causer des souffrances aux autres. L'essence de l'Enseignement du *grand véhicule* est l'altruisme : l'aide apportée à autrui. Par rapport aux étapes de la pratique, la première consiste à s'abstenir des actions négatives en évitant les *dix non-vertus,* ensuite on peut prendre les vœux relatifs à ce niveau ; plus tard, on pourra s'engager davantage dans la pratique de l'altruisme et prendre les vœux correspondant à ce niveau plus vaste.

QUESTION : Est-il possible de concilier un amour éprouvé pour une personne particulière, comme dans le mariage par exemple, avec l'*équanimité* ?

Ou ne peut-on développer l'*équanimité* qu'en étant complètement détaché des engagements personnels ?

RÉPONSE : Au début de la pratique, l'amour que l'on éprouve est de divers degrés : un amour plus fort pour les personnes présentement proches de nous, et moins fort pour celles qui sont plus éloignées. Mais avec la pratique et le développement graduel, l'amour ressenti s'égalise et se répartit équitablement entre tous les êtres vivants. Une telle *équanimité* d'amour ne peut se produire du jour au lendemain. Ainsi que je l'ai déjà dit, dans les débuts de la pratique l'amour, la compassion, la foi et les autres qualités sont plus ou moins mêlées (teintées) de facteurs perturbateurs.

QUESTION : Quand une pensée positive est suivie d'une action négative, laquelle aura le plus d'effet karmique ?

RÉPONSE : Cet effet dépend de l'action elle-même au moment exact de son accomplissement, ainsi que de l'intensité et de l'étendue de la motivation préalable à l'engagement dans cette action. Dans les cas où la motivation est vaste et puissante, ses effets surpasseront ceux de l'action ; dans d'autres cas, la réalisation effective de l'action sera plus puissante à cause de la situation, de l'objet et du moment.

QUESTION : De nombreux pratiquants du bouddhisme trouvent perturbant d'entendre parler de maîtres bouddhistes qui transgressent régulièrement certains préceptes, en disant par exemple qu'il est permis de boire de l'alcool, de cohabiter entre membres d'une communauté spirituelle, etc. Y a-t-il vraiment des circonstances qui autorisent la transgression des préceptes ?

RÉPONSE : Pour mûrir son propre continuum mental, les écrits du *véhicule des bodhisattva* conseillent la pratique des *six perfections* : la *générosité*, l'*éthique*, la *patience*, l'*enthousiasme*, la *concentration*, la *sagesse* ; pour faire mûrir le continuum mental d'autrui, il y a quatre moyens de réunir les disciples :

1. leur faire don d'objets matériels ;

2. leur parler de manière plaisante et adéquate en enseignant comment obtenir de meilleures vies dans le cycle des existences, ou comment en être finalement délivrés ;

3. faire en sorte qu'ils adoptent dans leur propre pratique ce qui est vraiment bénéfique et écartent de leur comportement ce qui est finalement néfaste ;

4. pratiquer soi-même ce qu'on enseigne à autrui.

Donc, ce qu'on enseigne à autrui, on doit le pratiquer soi-même. Il est facile de comprendre qu'il est incohérent de proposer à autrui des pratiques que l'on ne suit pas soi-même. Et pour parler clair : si l'on remarque une contradiction entre l'enseignement d'une personne et sa pratique, cela indique qu'elle ne possède pas les qualifications qui font un vrai guide spirituel.

Il est dit qu'avant de s'engager dans une relation spirituelle avec un instructeur un disciple doit étudier attentivement les qualifications nécessaires à un guru, telles que Bouddha les a décrites dans ses traités d'éthique, ses discours et dans les tantra, et s'assurer si oui ou non la personne les possède. De même, quelqu'un qui veut devenir un lama enseignant autrui doit étudier ces qualifications et travailler à leur accomplissement.

Dans les *tantra*, il est dit que les pratiquants ayant atteint de très hauts degrés de réalisation peuvent recourir à des modes de comportement sortant de l'ordinaire. Le seuil qui détermine l'engagement d'un adepte du tantrisme dans des activités inhabituelles est celui dit de la *réalisation de la capacité.* Qu'entend-on par *avoir atteint la capacité* ? Le grand érudit Droukpa Kagyupa Padma Garbo dit que la réalisation de ce seuil implique pour le yogi d'être capable, par le pouvoir du yoga, d'éliminer chez les autres la perte de confiance provoquée par la manifestation de telles activités. C'est le cas du grand pandit Tilopa, qui a déployé quantité d'agissements surprenants devant Naropa, en étant parfaitement capable de restaurer la *confiance*, la *foi* que lui portait son disciple. De telles actions singulières ne peuvent être accomplies qu'avec cette « *capacité* ». Pour un lama qui ne l'a pas réalisée, prétendre que ses actions sont les *activités inconcevables et extraordinaires* d'un grand Maître signifie simplement qu'il n'est pas loin d'avoir le dos au mur.

QUESTION : Pouvez-vous, s'il vous plaît, expliquer la nature de la connexion entre une action accomplie plusieurs vies auparavant et son résultat karmique expérimenté dans une catastrophe naturelle : par exemple, le fait d'être foudroyé au cours d'un orage ? Est-ce notre conscience ou notre continuum mental actuel qui influe sur l'éclair qui foudroie ou qui le crée ?

RÉPONSE : Dans cette question du *karma*, le raisonnement analytique peut aisément nous faire comprendre qu'une action vertueuse produira en général un effet agréable, parce qu'il y a concordance de nature entre la cause et l'effet. Par contre, lorsque l'on cherche à savoir pourquoi une action accomplie à un moment précis a donné tel effet à tel autre moment, on entre dans un domaine où les facteurs sont si subtils que la compréhension devient extrêmement difficile. Dans l'exemple de la personne frappée par la foudre, on peut utiliser quatre modalités de recherche et d'enquête, que j'ai expliquées tout à l'heure : l'une consiste à examiner la nature d'un objet, non pas en fonction de ses causes de création par le *karma*, mais par le fait de sa nature, qui est d'être ainsi. Par exemple : la chaleur et le fait de brûler sont la nature même du feu ; l'humidité et le fait de mouiller sont la nature même de l'eau. Semblablement l'éclair, ou tout autre phénomène, est produit par le système même d'imbrication des éléments constituant ce monde, mais le fait de se trouver à l'endroit précis où frappe la foudre (que l'on ait rencontré ce concours de circonstances) est lié à la *loi du karma*. Nombre de distinctions analogues peuvent être décelées.

QUESTION : Comment de bons bouddhistes, qui se sont engagés à ne pas tuer, peuvent-ils confortablement profiter de crimes en mangeant de la viande, de la volaille, du poisson ?

RÉPONSE : Vous soulevez là un point important. Manger de la viande n'est en général pas interdit par les écrits et traités de l'*éthique bouddhiste* (*vinaya*). Les moines et les nonnes ont accepté, en un certain sens, d'être des mendiants errants quémandant leur nourriture, ils ne peuvent donc manifester de préférences : « Je voudrais bien telle ou telle sorte de nourriture. » Il y a plus de quinze ans, je discutais de ce sujet avec un moine sri-lankais qui me disait qu'à strictement parler les moines et les nonnes bouddhistes ne peuvent être ni végétariens ni non végétariens.

Le *véhicule des bodhisattva* recommande généralement d'être végétarien. Ne pas manger de viande est souvent considéré comme préférable et nombre de communautés bouddhistes japonaises pratiquent un végétarisme strict. Je pense que c'est la pratique juste. Enfin, dans le *véhicule des tantra*, les trois classes inférieures d'enseignement tantrique (*action, performance* et *yoga*) interdisent de manger de la viande, alors que le *tantra-yoga supérieur* ne l'interdit pas.

Ce sont là les modes généraux d'explication donnés par les traités d'éthique du *véhicule des soutra* et de celui des *tantra*. Plus précisément, il est totalement déconseillé de tuer un animal pour son profit personnel. Par exemple, sur les étals des marchés des grandes villes la viande est déjà prête pour être achetée et consommée, alors que dans un lieu où la viande n'est pas disponible mieux vaut s'abstenir de dire : « Je veux de la viande. »

Comme la meilleure option est le végétarisme, j'ai moi-même essayé d'être végétarien en 1965 ; j'ai réussi à le rester pendant vingt-deux ou vingt-trois mois. Puis j'ai contracté une grave jaunisse et mes médecins m'ont conseillé d'interrompre ce régime. Pour les gens qui le supportent, le mieux est d'être totalement végétarien. J'ai été très impressionné d'entendre un jour sur les ondes de la BBC que le nombre de végétariens augmentait en ce pays. C'est une bonne nouvelle.

QUESTION : Vous avez dit que laisser s'exprimer la colère était une pratique néfaste. Je présume que vous vouliez dire qu'il n'est pas bon d'exprimer de la colère contre une personne ou un objet de colère quelconque. Certaines écoles psychologiques recommandent d'exprimer sa colère contre des objets inertes, comme un oreiller ou un mur, pour pouvoir évacuer l'énergie colérique que l'on a en soi. Cette technique est-elle utile ou néfaste également ?

RÉPONSE : En principe il n'est absolument pas bon d'exprimer ou de laisser sortir sa colère. Si l'on néglige de lui appliquer un antidote, par exemple en développant la patience et l'amour, la faculté de colère ne peut que croître. Il est toujours préférable de tenter de la minimiser, par principe. Un de mes amis m'a dit que chaque fois qu'il ressentait une irritation très forte – au moment où sa colère atteignait son intensité maximale – il se frappait lui-même. Je pense également qu'un tel comportement

1. Les six domaines de la roue de l'existence cyclique.

*2. Au milieu, les origines de la souffrance : l'Ignorance (cochon),
l'Attachement (coq) et l'Aversion (serpent).
Autour, les actions positives et négatives nées de ces trois poisons.*

3. Les domaines des dieux et des demi-dieux.

4. Le domaine des humains et des dieux.

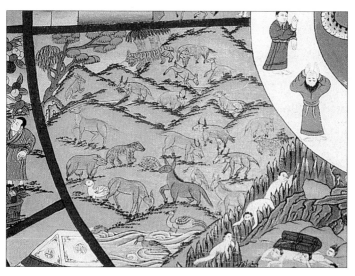

5. Le domaine des animaux.

6. Le domaine des esprits avides.

7. Le domaine des êtres des enfers.

est très bénéfique. Mais vous parliez d'oreiller et de mur : l'oreiller est préférable, parce que moins dur ! Dans certaines circonstances, il semble que l'on puisse s'autoriser à laisser sortir sa colère, mais à condition de ne nuire à personne.

QUESTION : Nous sommes nombreux ici à avoir dû mentir sur nos lieux de travail pour assister à ces conférences et bénéficier de votre enseignement. Le *karma* défavorable accumulé par ce mensonge sera-t-il compensé par le *karma* positif que nous accumulons en vous écoutant ?

RÉPONSE : Cela dépend du bénéfice que vous en tirez. Si vous pratiquez concrètement ce que vous avez appris dans les enseignements et qu'ainsi votre vie gagne en qualité, cela vaut la peine. Les bienfaits ne dépendent finalement que de critères de cet ordre. Comme l'a dit Shantidéva, dans la perspective bouddhiste c'est le résultat de nos actions qui doit être principalement considéré. Nous devons déterminer ce que nous devons faire ou ne pas faire en fonction de ce qui pourra être accompli effectivement. Sur la base d'une telle analyse, les actes complètement interdits par les traités d'éthique deviennent non seulement autorisés, mais même recommandés : dans certaines circonstances, on se doit de les faire si l'on sait qu'ils seront bénéfiques en fin de compte. Tout comme dans un traitement médical où des remèdes nouveaux peuvent être utilisés par une même personne quand les caractéristiques de sa maladie ont changé, de même, au cours du processus de purification de l'esprit, les changements de circonstances ou d'étapes peuvent exiger la mise en application de techniques différentes.

Mais revenons à notre sujet.

La motivation altruiste du bodhisattva
Diminuer l'influence des empreintes établies
par les facteurs perturbateurs

La pratique des trois entraînements (*éthique,* *concentration* et *sagesse*) a le pouvoir de détruire les facteurs perturbateurs. Mais il faut aussi déraciner les *empreintes* (*klésha*) établies par eux, ce qui est particulièrement difficile. Si nous cherchons à éradiquer ces empreintes, c'est parce qu'elles empêchent la connaissance simultanée de tous les phénomènes. Même les personnes qui ont réalisé l'état d'*arhat* et se sont libérées du cycle des existences n'ont pas développé tout le potentiel de la conscience humaine : elles n'ont parcouru que la moitié du *chemin spirituel*.

La question est : comment détruire ces *empreintes,* ces *tendances latentes* ? L'arme efficace est toujours la même : *la sagesse capable de comprendre la vacuité*. Mais pour en venir à bout, il faut le soutien puissant des *grands mérites*. La technique pour accumuler de *vastes mérites* (accumulation de *karma* favorables, d'actions positives) repose et ne peut être construite que sur l'*insurpassable altruisme*. Jusqu'à présent je ne vous ai parlé que de la personne motivée pour l'*accumulation des mérites* en vue de sa *libération personnelle* ; en s'abstenant de nuire aux autres, le pratiquant s'intéresse principalement à un seul être humain : lui-même. Dans cette autre et rare *pratique altruiste,* on se préoccupe en priorité de tous les êtres vivants.

Les êtres vivants sont en quantité innombrable, et quand notre conscience englobe l'infinité des êtres, le pouvoir d'*accumulation de mérites* des karma favorables devient lui aussi sans limites. Par exemple, *prendre refuge* en Bouddha, en ses Enseignements (*Dharma*) et en la communauté spirituelle (*Sangha*) pour son propre intérêt, ou *prendre refuge* dans l'intérêt des innombrables êtres vivants, sont deux manières valides de *prendre refuge,* mais elles diffèrent grandement par la puissance des *mérites accumulés*. Et cela parce que la première ne prend en considération qu'une seule personne, et la seconde tous les êtres vivants.

Dans la première manière de *prendre refuge,* le but est de réaliser sa propre libération du cycle des existences (pour être soi-même délivré de la souffrance) ; avec la *motivation altruiste,* le but est le développement spirituel ultime : la *bouddhéité*. Il s'agit non seulement de l'extinction des facteurs perturbateurs, mais aussi de leurs empreintes latentes qui constituent les obstacles à l'omniscience. Ainsi, par rapport à l'objectif, au but recherché, les pratiques de celui qui vise l'*Éveil* le plus élevé pour le bien de tous les êtres seront plus puissantes dans le sens où l'*accumulation de mérites* sera supérieure.

La nature d'un esprit altruiste est précieuse, réellement merveilleuse. C'est une faculté réellement extraordinaire de l'esprit humain d'être en mesure de développer une telle attitude d'oubli de soi et de considérer autrui comme aussi précieux que soi. Il y a du merveilleux dans cette attitude. Quand quelqu'un manifeste des sentiments chaleureux à notre égard, nous sommes heureux : il en va de même quand nous nous sentons réellement concernés par autrui. Je pense qu'avec une telle motivation même notre existence actuelle est comme le *nirvana*. C'est la réelle source de bonheur, non seulement à long terme, mais pour ici et maintenant. Même la plus petite expérience d'un tel développement est déjà une aide, au sens où elle accroît la paix de l'esprit et la force intérieure. Elle attire à nous les meilleures des expériences et fournit la plus solide des bases pour notre participation active dans la société. Elle est non seulement comme un professeur, mais comme notre meilleur ami et protecteur. Elle est réellement bénéfique.

Nous avons discuté précédemment de la logique philosophique nous permettant de conclure à la possibilité de développer un si bel esprit. Pour la pratique concrète du développement de l'altruisme, les grands pandits indiens proposent deux *voies* : l'une est *les sept instructions essentielles cause et fruit*, et l'autre *la pratique de l'égalité et de l'échange entre soi et autrui*.

Dans la première, on commence par développer un sentiment d'*équanimité* à l'égard de tous les êtres, puis on médite les sept points suivants :

– reconnaître que tous les êtres sont nos amis ;
– réfléchir à leur bonté fondamentale ;

– développer l'intention de leur faire retour de cette bonté ;

– générer l'amour à leur égard ;

– générer la compassion ;

– développer la plus haute résolution : la responsabilité universelle ;

– générer la motivation altruiste d'obtenir l'état de Bouddha.

Afin de pouvoir générer la ferme intention d'obtenir l'état de Bouddha pour le bien d'autrui, il est nécessaire de parvenir à une résolution peu ordinaire : prendre sur soi la responsabilité du bien-être des autres. Produire une résolution aussi rare exige de posséder la *véritable compassion* : ne pouvoir supporter ni la souffrance manifeste d'autrui ni son assujettissement à des *causes internes non souhaitées* dont résulteront les souffrances ; et, du plus profond de son cœur, souhaiter qu'autrui puisse se libérer de telles conditions. Si vous ne parvenez pas à être véritablement ému par la *plus profonde des compassions*, vous ne pourrez prendre cette immense résolution : vous charger de la responsabilité de libérer les êtres de leurs souffrances.

Vous avez déjà pu constater qu'il était plus facile d'éprouver de la compassion pour les personnes qui vous attirent, qui vous paraissent plaisantes ou avec lesquelles vous vous entendez bien. Avant de tenter de développer la *grande compassion*, il est donc nécessaire de faire en sorte que tous les êtres vivants vous apparaissent tous semblablement attirants, agréables ou en harmonie avec vous-même. Cette technique d'entraînement consiste à voir tous les êtres vivants par le même regard que celui accordé à nos proches.

Pour pouvoir considérer ainsi tous les êtres, il faut d'abord être capable de les visualiser avec *égalité d'esprit*. Il est précieux ici d'utiliser notre imagination. En face de vous, faites apparaître mentalement un ami que vous aimez, un ennemi que vous n'aimez pas et une personne qui vous laisse indifférent. Naturellement, vous vous sentez proche de votre ami ; face à votre ennemi, vous sentez une distance, voire parfois de la colère ou de l'*aversion* ; face à la personne neutre, vous ne sentez que de l'indifférence. Examinez les sentiments qui vous font distinguer (discriminer) celui que vous considérez comme proche, et celui que vous considérez avec distance.

Vous devez analyser les raisons de ces réactions. Le bouddhisme dit que cette première personne tenue pour mon meilleur ami, même si elle l'est effectivement aujourd'hui, ne peut être estimée ainsi de façon stable et permanente : étant donné les multiples renaissances du cycle des existences, en quelque autre vie il ou elle a pu être un de mes pires ennemis. Pour la même raison, je ne puis être sûr que la personne se comportant actuellement en ennemi n'a pas été dans les vies passées un de mes meilleurs amis. De même pour les vies futures : il n'y a aucune raison qu'un ennemi demeure un ennemi et un ami un ami : ce n'est même pas garanti pour le restant de la vie actuelle ! L'ami d'aujourd'hui peut en très peu de temps changer d'attitude.

Cela est confirmé par notre expérience familiale, et plus encore par la vie politique : l'allié fidèle d'aujourd'hui peut devenir le pire ennemi de demain. C'est en ce sens qu'il est dit que la base de notre vie actuelle n'est pas stable : parfois nous sommes comblés, à d'autres moments nous connaissons des déboires. Les phénomènes de la vie sont ainsi : instables et impermanents, sans cesse, inexorablement. Voilà pourquoi il est absolument illusoire de ressentir comme solides et stables l'*attachement* pour les amis et l'*aversion* pour les ennemis. Rien ne justifie une telle rigidité : ne vous paraît-elle pas insensée ? C'est en raisonnant ainsi que petit à petit notre esprit pourra se rapprocher de l'*équanimité.*

Comme votre ennemi d'aujourd'hui a été votre ami dans le passé, ou le sera tôt ou tard, l'étape suivante de l'entraînement consiste à penser qu'il vaut mieux considérer les trois personnes visualisées comme nos meilleurs amis. Vous pouvez pareillement examiner l'*aversion,* pour voir quel bénéfice il y a à en tirer : peut-il en sortir quelque chose de bon ? La réponse est évidente. Par contre, si vous développez la *compassion* envers ces trois personnes, le résultat sera sans aucun doute positif. De ce point de vue également, vous pouvez voir qu'il vaut mieux développer une *attitude de compassion égale* (équanimité) à l'égard de ces trois catégories d'êtres.

Puis étendez ce sentiment à tous vos voisins, un à un ; à ceux qui appartiennent à une catégorie, puis à ceux qui appartiennent à l'autre ; ensuite aux habitants du pays entier, à ceux de l'Europe, puis à l'humanité entière et, enfin, aux êtres vivants du cosmos infini. C'est la pratique des *sept instructions essentielles* : *cause et effet*.

La seconde technique pour développer l'altruisme est nommée *égalité et échange entre soi et autrui*. Il s'agit d'examiner qui a le plus d'importance : soi ou autrui ? Choisissez ! Décidez qui est le plus important, vous ou autrui. Les autres sont en nombre beaucoup plus grand que soi-même : chacun n'est qu'un, alors que les autres sont innombrables. Il est très clair qu'aucun de nous ne veut souffrir et que les uns et les autres nous voulons le bonheur ; qui plus est, chacun de nous a également toutes les bonnes raisons de vouloir être heureux et d'éviter la souffrance, car nous sommes tous des êtres vivants.

Si nous nous demandons : « Pourquoi ai-je droit au bonheur ? » nous ne pouvons trouver d'autre justification que celle-ci : « Je veux le bonheur. » C'est la racine de toutes les raisons. Nous avons le sentiment naturel et juste d'un moi sur la base duquel nous voulons le bonheur. C'est la justification valide de notre droit à rechercher le bonheur. Le bonheur est un droit pour l'être humain et pour tous les êtres vivants. Par ailleurs, si nous-même avons le droit d'éviter la souffrance, tous les autres êtres ont naturellement ce même droit. De plus, tous les êtres vivants sont fondamentalement dotés de la même capacité d'éviter la souffrance. La seule différence est que nous sommes seul alors que les autres sont la majorité. La conclusion est donc claire : si un petit problème, une légère souffrance advient à autrui, son étendue est infinie ; quand c'est à nous qu'il échoit, il ne concerne que notre seule personne. Lorsque l'on considère de cette manière les autres et tous les êtres vivants, soi-même n'apparaît plus si important.

Je vais vous décrire maintenant comment on pratique cela en méditation. Il s'agit de ma propre pratique, et j'en parle fréquemment. Imaginez, en face de vous, d'un côté votre moi égoïste et de l'autre un groupe de pauvres gens sans ressources. Vous-même, vous vous placez en imagination entre les deux, en tierce personne neutre. Jugez alors ce qui est important : vous tourner vers cette personne égoïste, individualiste, stupide, ou vers ces pauvres sans ressources qui demandent de l'aide ? Si vous avez du cœur vous irez naturellement vers ceux qui sont dans le besoin.

Ce type de méditation analytique aide à développer la *motivation altruiste* ; elle vous permet de comprendre combien l'égoïsme est une attitude néfaste. Vous-même, jusqu'à présent, vous vous êtes comporté de la sorte, mais maintenant vous réalisez combien vous vous êtes porté tort. Personne ne veut vraiment du rôle du méchant. Si quelqu'un nous dit : « Vous êtes méchant », nous nous fâchons. Pourquoi ? La raison principale est que nous ne voulons pas être ainsi. Si réellement nous ne le voulons pas, sachons que nous avons le pouvoir de l'éviter. Si nous nous entraînons à la bonté, nous deviendrons effectivement bon. Personne d'autre que nous-même n'a le droit de nous classer bon ou méchant ; et personne d'autre que nous n'a ce pouvoir.

La source absolue de paix dans notre famille, notre pays ou le monde, c'est l'*altruisme* : la compassion et l'amour. La méditation de ce fait aide énormément à développer l'altruisme. Méditer en analysant autant que l'on peut ces différentes raisons engendre conviction, volonté et détermination. Si vous vous y employez avec grande détermination et persévérance, jour après jour, mois après mois, année après année, vous réussirez à vous améliorer vous-même. Avec une telle *motivation altruiste*, chaque action accumule des *karma* favorables, et le pouvoir du *karma* positif est sans limites.

Les six perfections

Quel genre d'aide pouvons-nous apporter à autrui dans la perspective bouddhiste ? Un aspect de la générosité est le don d'objets matériels : nourriture, vêtements, hébergement ; mais ceci est limité, car incapable d'apporter la satisfaction complète. Notre propre expérience nous confirme que c'est par une purification graduelle de notre propre esprit que le bonheur peut se développer sur une base solide, et il en va de même pour autrui. Il est donc crucial que chacun comprenne le chemin à suivre pour réaliser ce bonheur. Pour faciliter à autrui l'apprentissage de ces questions, nous devons être parfaitement capable de les enseigner. Plus encore, les êtres sensibles ayant une infinité d'empreintes, d'intérêts, de potentialités et de motivations différentes, si nous ne développons pas les *capacités supérieures de la parole* pour nous adapter exactement à leurs besoins, nous ne pourrons combler leurs espoirs. Développer ces capacités n'est possible qu'après avoir éliminé les *obstructions à l'omniscience* en notre propre continuum mental. Donc, pour aider efficacement autrui nous devons prendre la décision d'atteindre nous-même la *bouddhéité* : état d'esprit exempt de toute obstruction à l'omniscience.

Dans cette optique, la *motivation d'un bodhisattva* est définie comme l'état d'esprit dont le but est le bien d'autrui, comme *objet d'intention* spécifique, mais aussi comme *aspiration à la réalisation* de sa propre bouddhéité, en vue de la réalisation de ce but. Quoique votre but ultime soit le service des autres par la réalisation de la bouddhéité, votre *implication immédiate* nécessite de commencer par vous engager dans la pratique des *six perfections* (*générosité, éthique, patience, enthousiasme, concentration* et *sagesse*) en fonction de vos capacités, et en commençant par la générosité sous forme de dons matériels.

La générosité consiste à s'entraîner du plus profond du cœur à une attitude de don, exempte d'espoir de récompense ou de résultat en retour. Du plus profond du cœur, l'acte de générosité lui-même et tous ses résultats karmiques bénéfiques doivent être dédiés aux autres êtres vivants.

La pratique fondamentale de l'éthique pour un bodhisattva consiste à restreindre son égocentrisme. Dans la mesure où la pratique de la générosité ne doit absolument pas nuire à autrui pour être pratiquée avec pureté, il est nécessaire d'extirper à sa racine la moindre tendance à nuire. Cela ne peut être réalisé que par l'élimination totale de l'égocentrisme : la *pure motivation altruiste* ne laisse aucune place à la moindre volonté de nuire. Il est donc primordial de pratiquer l'éthique de la limitation de l'égocentrisme.

Une bonne pratique de l'éthique exige également de développer la patience. La *pratique de la patience* est extrêmement importante puisqu'elle est la principale *protection* dans l'entraînement à l'*égalité et à l'échange avec les autres*. Il est plus efficace de pratiquer en parallèle les techniques que Shantidéva rassemble dans les chapitres traitant de la *patience* et de la *concentration* dans son *Guide pour la pratique du bodhisattva* : l'*égalité et l'échange entre soi et autrui* y est expliquée dans le dernier chapitre. La pratique de la patience en établit les fondations, la base, et elle trouve sa raison dans le fait qu'il est plus difficile de générer un sentiment d'affection et de respect pour ses ennemis. Penser à un ennemi dans l'optique de la pratique de la patience conduit à considérer, non seulement qu'il n'est pas nuisible, mais qu'il est même notre meilleur ami spirituel. Il faut en arriver à penser : « Je n'aurais aucun moyen de développer la patience pour me détacher des torts qui me sont causés, s'il n'y avait pas quelqu'un pour me nuire effectivement. »

Shantidéva dit que de nombreux êtres nous donnent l'occasion de pratiquer la générosité, mais qu'il y en a très peu à l'égard desquels on peut réellement pratiquer la patience. Ce qui est rare n'en a que plus de valeur : un ennemi est vraiment très utile. Cultiver la patience augmente la puissance de nos mérites, et cela ne peut être réalisé qu'en présence d'un ennemi réel. Nos ennemis sont les principaux responsables de l'augmentation du pouvoir de nos mérites. Un ennemi ne nous empêche nullement de pratiquer, au contraire il nous aide à améliorer notre pratique.

Dans son *Guide pour la pratique du bodhisattva*, Shantidéva cite une objection possible : « Un ennemi n'a pas de motivation pour nous aider et ne doit donc pas être respecté. » Il y répond en disant que quelqu'un peut nous aider sans en avoir la motivation. S'il en allait autrement, il n'y aurait aucun moyen d'avoir confiance dans la possibilité d'être libéré de la souffrance. Donc, même si nos ennemis ne souhaitent pas nous aider, il est néanmoins recommandé de les respecter, puisqu'ils nous sont bénéfiques.

Une autre objection est alors posée : « L'état de libération n'a certes pas le souhait de nous aider, mais pas non plus l'intention de nous nuire. Un ennemi, si. » Shantidéva répond : « C'est à cause du désir qu'il a de nous nuire que nous nommons quelqu'un ennemi, or nous avons besoin d'ennemis pour développer la patience. Quand, par exemple, un médecin cherche à nous prodiguer son aide, on ne l'identifie pas comme un ennemi ; ce n'est donc pas une situation pouvant être utilisée pour développer la patience. »

Voilà l'expérience et le raisonnement des grands bodhisattva des temps anciens. Réfléchir à leurs propos est véritablement bénéfique. Sauf à vous obstiner dans une attitude d'autochérissement, à un moment ou à un autre vous prendrez conscience que chérir les autres est une excellente pratique : de nombreuses raisons montrent même qu'elle est la plus appropriée.

Un autre type important de patience est la résistance à la souffrance, son acceptation volontaire. À ce propos, Shantidéva propose le raisonnement suivant : si quelque chose peut être fait pour améliorer une situation, il n'y a aucune raison de se faire du souci ; et si rien ne peut être fait, il n'y a pas de raison non plus de s'inquiéter.

Il est important, avant que la souffrance naisse, de s'engager dans des pratiques pour l'éviter ; mais une fois qu'elle est là, elle ne doit pas être considérée comme un fardeau, mais comme une aide. Il y a de nombreuses raisons à cela. Supporter de faibles souffrances au cours de l'existence présente permet de purifier le *karma* de quantité d'actions négatives accumulées dans les existences précédentes. Une telle attitude aide à voir les défauts et les désavantages du cycle des existences, et plus vous y parviendrez, plus vous aurez de répulsion à vous engager dans les *non-vertus*. Il est également bénéfique de voir les bonnes qualités et les avantages de la libération. De plus, votre propre expérience de la souffrance vous rend capable de comprendre ce que peut être la peine des autres et de faire naître en vous le souhait de leur venir en aide. En envisageant la souffrance de cette manière, vous vous apercevrez qu'elle vous offre l'opportunité de pratiquer et de réfléchir mieux.

La quatrième des *perfections* est l'*enthousiasme*. Une des catégories de l'enthousiasme est assimilable à une armure : elle préserve de l'insatisfaction engendrée par le manque de résultat immédiat. L'enthousiasme induit la disposition favorable à un très long engagement dans la pratique (pour plusieurs éons !) afin de pouvoir mener à bien notre développement.

Les deux dernières *perfections* sont la *concentration* et la *sagesse*. J'en parlerai à la session prochaine.

5

Union de la Compassion
et de la Sagesse

Questions-réponses

QUESTION : La conscience se mêle-t-elle, dès la conception, aux agrégats physiques en développement, ou rejoint-elle le corps physique plus tard, un peu avant la naissance ? L'avortement attente-t-il à la vie ?

RÉPONSE : Il est dit que la conscience pénètre au moment de la conception. La notion de meurtre s'applique donc également à l'embryon humain ; et cela dès la conception.

QUESTION : L'avortement est-il autorisé quand un grave handicap a été médicalement détecté dans l'embryon ?

RÉPONSE : Il peut y avoir des situations autorisant l'avortement, quand l'enfant est menacé d'un handicap tellement grave qu'il en subirait de grandes souffrances. Mais, en général, l'avortement n'est pas recommandé car il supprime une vie. Là encore l'élément essentiel (le facteur principal) est la *motivation*.

QUESTION : Quelles sont les conséquences karmiques pour une femme qui opte pour l'avortement, tout en sachant que retirer la vie est un acte négatif ?

RÉPONSE : Il est dit qu'en l'absence de circonstances atténuantes il est pire de s'engager dans des *karma* négatifs en pleine conscience.

QUESTION : Quel conseil donneriez-vous à celles d'entre nous qui ont eu recours à l'avortement et qui pratiquent maintenant le bouddhisme ?

RÉPONSE : Quand un karma défavorable a déjà été commis et que sa nocivité nous apparaît ultérieurement, on peut s'en repentir sincèrement en présence d'êtres saints, réels ou imaginés, et développer l'intention de ne plus agir ainsi dans le futur. Cela diminue la force du karma négatif.

QUESTION : L'Occident connaît de graves problèmes liés à la dépendance de l'alcool et de la drogue. Pouvez-vous conseiller ceux qui sont touchés par ces fléaux sur l'aide qu'ils peuvent s'apporter eux-mêmes ou que peut leur apporter leur entourage ?

RÉPONSE : Quand on prend de la drogue, l'esprit tombe sous l'influence de perturbations nouvelles, lesquelles s'ajoutent à celles qui nous affectent habituellement. Doubler la perturbation n'est certainement pas un remède. Il faut recourir à des techniques capables de soulager la souffrance. Connaître la nature du cycle des existences et pratiquer l'altruisme devraient avoir leur efficacité.

QUESTION : Pouvez-vous nous parler de l'euthanasie et nous éclairer sur la différence entre celle qui consiste à arrêter le traitement médical et celle qui est prodiguée en injectant un poison qui tue en quelques minutes ?

RÉPONSE : On peut là aussi être confronté à des situations exceptionnelles mais, en règle générale, il est préférable de laisser une personne mourir à son heure. Ce que nous endurons est dû à nos propres karma passés et nous devons en accepter le résultat. Tout doit être fait pour éviter de souffrir ; mais si rien ne peut plus enrayer le problème, la souffrance doit être considérée comme le résultat inévitable de nos karma.

QUESTION : Votre Sainteté, vous avez parlé d'une conscience subtile s'écoulant comme un continuum de vie en vie. Mais la libération étant survenue, que devient ce courant de conscience au moment de la mort : continue-t-il ?

RÉPONSE : Le niveau de conscience le plus subtil demeure jusqu'à et tout au long de la bouddhéité. Il ne s'éteint jamais.

QUESTION : Nous sommes nombreux à être si heureux de vivre que nous ne parvenons pas à accepter l'idée ou l'envie de sortir du cycle des existences. Certains aspects de la philosophie bouddhiste nous paraissent trop déprimants. Pourriez-vous nous donner votre avis ?

RÉPONSE : Dans la perspective bouddhiste, c'est un cas de non-compréhension des différents niveaux de souffrance. Si vous êtes vraiment heureux, alors tout va bien !

QUESTION : Jusqu'à quel point le concept de la non-existence d'un Dieu créateur nous empêcherait-il, nous bouddhistes, d'œuvrer et de pratiquer aux côtés d'autres religions ?

RÉPONSE : Compte tenu du fait que les êtres sensibles ont de si grandes différences de dispositions et d'intérêts, il est naturel que la théorie d'un Dieu créateur soit appropriée et bénéfique pour une partie de l'humanité. Il n'y a aucune raison de vous tracasser si vous avez à travailler ensemble. Un nombre considérable d'êtres humains croyant à un Dieu créateur ont atteint un état d'esprit exempt d'égoïsme ; cela prouve que d'autres enseignements que le bouddhisme sont tout aussi bénéfiques. La prise en considération des résultats augmente le respect pour la diversité des religions.

QUESTION : J'ai étudié l'enseignement bouddhiste sur la vacuité du soi, que l'on traduit souvent par « pas d'âme ». Hier, vous avez parlé du subtil continuum de conscience passant de naissance en naissance, héritier du *karma*. Y a-t-il une différence essentielle entre cette conscience subtile et le concept d'âme chez les chrétiens, mis à part la question de la réincarnation que le christianisme n'accepte pas ?

Réponse : Je ne connais pas la définition exacte de l'âme dans le christianisme, mais depuis les temps anciens en Inde, il y a des écoles de pensée affirmant l'existence d'un soi, l'*atman*, qui est décrit comme permanent, absolu et indépendant. Ce type d'âme n'est pas accepté par le bouddhisme.

Question : Comment puis-je dépasser l'intense peur des attitudes dures et hostiles d'autrui, que je ressens depuis mon enfance ?

Réponse : S'entraîner à chérir autrui plus que soi-même aidera petit à petit. Mais cela prendra du temps. Par ailleurs, si ces pensées vous habitent constamment et vous procurent un malaise, il vaudrait mieux essayer d'arrêter d'y penser.

Question : Que pensez-vous d'un bouddhiste qui ne croit ni au *karma* ni à la réincarnation ?

Réponse : C'est une question qui nécessite un approfondissement. Généralement, le fait d'être ou de ne pas être bouddhiste est déterminé par l'acceptation ou la non-acceptation des *trois joyaux* : *Bouddha*, *Dharma* (ses Enseignements) et *Sangha* (la communauté spirituelle) comme purs *objets de refuge*. Il y a des bouddhistes qui acceptent les *trois joyaux* et qui, cependant, n'ont pas beaucoup réfléchi à ces matières compliquées que sont les vies antérieures et futures, le *karma*, etc. Par ailleurs, un certain nombre d'Occidentaux, qui en connaissent beaucoup là-dessus, ne parviennent pas pour autant à accepter immédiatement les *trois joyaux* et demeurent sceptiques sur cette question tout en ayant un profond respect pour *Bouddha*, *Dharma* et *Sangha*. On peut dire qu'ils ne sont pas loin de devenir bouddhistes. De plus, bien que les bouddhistes n'acceptent pas la conception d'un soi permanent, absolu et indépendant, il y en a néanmoins qui n'acceptent pas d'emblée la vacuité du soi.

QUESTION : Comment est-il possible de pratiquer le bouddhisme dans un environnement (femme, mari, famille) qui ne le pratique pas ?

RÉPONSE : Le bouddhisme se pratique individuellement. Il n'est pas nécessaire de réciter des textes ensemble, par exemple.

QUESTION : Quel conseil donneriez-vous à un Occidental moyen qui travaille et voudrait approfondir sa pratique du bouddhisme tibétain sans pour autant devenir moine ni s'engager dans une retraite de trois ans ?

RÉPONSE : Je lui conseille de rester dans la société en continuant à exercer sa profession, d'assumer son rôle social, et de s'adonner en privé à l'*analyse* et à la *pratique*. Il est préférable de continuer à aller au bureau chaque jour, de vous atteler à votre domaine d'activité, puis de rentrer chez vous. Il serait bien de sacrifier quelques distractions du soir et d'aller dormir plus tôt pour pouvoir vous lever de bon matin afin d'accomplir une méditation analytique. Après avoir pris un bon déjeuner, vous irez calmement au bureau ou à l'usine. À l'occasion, quand vous aurez assez d'argent, vous vous rendrez dans un pays bouddhiste pour quelques semaines. Je pense que tout cela est pratique et efficace.

QUESTION : Pouvons-nous comprendre la vacuité par une méthode simple, sans entrer dans une philosophie trop intellectuelle ?

RÉPONSE : Ce dont j'ai parlé ces jours-ci n'est-il pas simple ? L'idée principale est qu'en cherchant les objets par analyse on ne les trouve pas ; ce qui ne veut pas dire qu'ils n'existent pas, mais simplement qu'ils n'ont pas d'existence inhérente, absolue, intrinsèque. Si vous méditez cela régulièrement, un jour vous en aurez sûrement la *réalisation*.

QUESTION : Comment l'altruisme et la réalisation de la vacuité se réunissent-ils dans la pratique ?

RÉPONSE : Dans le *véhicule des soutra*, les pratiques de l'*intention d'obtenir l'Éveil pour les autres* sont les moyens d'*accumuler les mérites*. C'est sous l'influence de telles pratiques que l'on doit méditer sur la vacuité. Parallèlement, la méditation de la vacuité permet l'*accumulation de sagesse*. Alors, sous le pouvoir de la compréhension que les phénomènes sont vides d'existence intrinsèque, on développe l'intention d'obtenir l'état de Bouddha pour le bien de tous les êtres. Dans l'Enseignement qui suit, je vous dirai comment ces pratiques sont réunies dans les tantra.

Question : Comment pouvons-nous aider quelqu'un qui agonise ? Que peut-on dire à un mourant ?

Réponse : Le plus important est de ne pas perturber son esprit ; il est également bénéfique de s'engager dans une technique pour activer la réminiscence de pratiques spirituelles qui lui sont familières. Il est bon d'aider à mourir dans la paix et le calme ceux qui ne pratiquent aucune religion. La raison en est que, comme il a été expliqué précédemment dans les douze liens d'origine interdépendante, la qualité de l'*attitude mentale* à l'instant de la mort est extrêmement importante : c'est elle qui détermine le *karma* qui sera activé au moment du passage, et donc les conditions de la vie, de la renaissance future.

Les pratiquants bouddhistes peuvent utiliser de nombreux niveaux de réflexion et de concentration au moment de la mort : la signification de la vacuité, le développement de la motivation d'obtenir l'Éveil pour le bien de tous les êtres, le développement du yoga de la déité, la pratique des énergies et, éventuellement, la méditation de la sagesse supérieure de la félicité et de la vacuité indissociées, le transfert de conscience, etc. Si grand que soit en théorie le potentiel bénéfique d'une méditation, il est crucial que le mourant soit aidé par une pratique qui lui est appropriée et dans laquelle il s'est déjà entraîné. À l'approche de la mort, le pouvoir de l'acuité mentale et des autres qualités se détériore ; il serait donc insensé de vouloir pousser le mourant à s'engager dans une pratique qui ne lui est pas habituelle. Il est beaucoup plus bénéfique de lui remémorer une pratique à laquelle il s'est déjà adonné.

Mantra

Comme cela a été indiqué précédemment, à propos de la motivation altruiste, les pratiques visant à développer notre propre continuum mental sont les *six perfections*, et les pratiques visant au développement d'autrui sont les *quatre méthodes pour réunir les disciples*. Parmi les *six perfections*, chacune est plus difficile à réaliser et plus importante que celle qui la précède. Les deux dernières sont la *concentration* et la *sagesse*.

Selon le *véhicule des soutra*, il y a trente-sept étapes d'*illumination* pour réaliser la libération et une grande variété de *voies* pour réaliser la bouddhéité ; c'est ce qu'explique Maitreya dans son traité : *Ornement pour la claire réalisation*. La racine fondamentale de toutes ces étapes est l'*absorption méditative*, union entre le *calme mental* (*shamatha*) et la *vue supérieure* (*vipashyana*).

Il existe un moyen rapide et efficace de réaliser cette *absorption méditative* : le *véhicule des mantra* (*tantra*), qui se scinde en quatre groupes (*action, conduite, yoga* et *yoga supérieur*). Le mode général de progression des trois premiers niveaux est approximativement le même, bien que chacun soit constitué de pratiques différentes. Dans le *véhicule des perfections* (*paramita*) et le *véhicule du mantra secret*, la racine de la pratique est le *désir d'obtenir l'état de Bouddha pour le bien d'autrui* et la *vue de la vacuité d'existence intrinsèque* ; mais la supériorité du mantra secret provient de l'*absorption méditative*. C'est pourquoi il est dit que les *traités des mantra secrets* peuvent être classés dans la *corbeille des soutra* (*soutrapitaka*) qui a pour sujet principal la méditation.

Quel est l'apport spécifique du *véhicule du mantra secret* à l'*absorption méditative* (union de *calme mental* [*shamatha*] et de *vue supérieure* [*vipashyana*]) ? Par quelle méthode plus profonde parvient-il à accroître la *concentration* ? L'intention d'obtenir l'état de Bouddha pour le bien d'autrui (*motivation altruiste*) nous fait aspirer à la *complète illumination* : l'état de bouddhéité, doté du *corps de vérité* (*Dharmakaya*), qui est l'accomplissement de notre propre bien-être, et du *corps de la forme* (*Rupakaya*), qui est l'accomplissement du bien-être d'autrui ; des deux corps, les pratiquants tendent tout particulièrement à réaliser le *corps de la forme* pour être en mesure d'aider autrui. Le *corps de la forme* porte les *marques majeures et mineures du corps de Bouddha*. Dans les *soutra*, le *véhicule de perfection* explique l'obtention de ce corps par le pouvoir de l'*accumulation des mérites* en pratiquant les *six perfections* sous l'influence de la *grande compassion* et de la *motivation d'atteindre l'état de Bouddha pour le bien de tous les êtres*. Ce qui caractérise le *véhicule des mantra* (*tantra*) est l'engagement, en plus de ces pratiques, dans une technique qui utilise un aspect similaire à celle du corps de la forme recherché : se visualiser comme possédant le corps physique d'un Bouddha. Cette pratique est appelée *yoga de la déité.* Et comme elle concorde en aspect avec le résultat que l'on tente de réaliser, le *yoga de la déité* est particulièrement efficace et puissant.

La *voie du mantra secret* se distingue par un yoga où *méthode* et *sagesse* constituent un couple inséparable. Dans le *véhicule de la perfection, méthode* et *sagesse* sont des entités séparées qui s'influencent l'une l'autre. La *méthode* est influencée par la force de la *sagesse,* et la *sagesse* est influencée par la force de la *méthode.* Comment, dans le *véhicule des mantra* (*tantra*), *méthode* et *sagesse* sont-elles une entité indivisible ? Dans la pratique du *yoga de la déité,* à l'intérieur d'une conscience unique se trouvent réunis simultanément les deux facteurs d'imagination de soi-même en tant que la déité et de la compréhension de la vacuité de son existence intrinsèque. La visualisation de soi-même en corps divin (appartenant à la classe des *vastes méthodes*) permet l'accumulation des mérites, et ainsi le *yoga de la déité* remplit la fonction de la *méthode.* Ensuite, dans la mesure où c'est le même esprit qui comprend la vacuité de l'existence inhérente de ce corps divin, la *collection de sagesse* est *accumulée.* Ainsi, l'esprit qui pratique le *yoga de la déité* réunit en lui les qualités de la sagesse : bien que *méthode* et *sagesse* puissent être séparées conceptuellement, elles sont contenues par lui dans l'entité d'une seule conscience.

Le corps divin, dans ce contexte, est celui que le yogi imagine volontairement en méditation, comme manifestation dans sa conscience mentale, de lui-même en tant que corps divin. Il semble donc que, lorsque le yogi se visualise, s'imagine en tant que déité et qu'il réalise en même temps la vacuité de l'existence inhérente de ce corps divin, l'impact sur sa conscience soit nécessairement différent à cause de cet objet spécial (corps de la déité) qui est le support de la méditation de la vacuité.

Selon le *véhicule des perfections*, lorsqu'on médite sur la vacuité du soi et des phénomènes dépendant des cinq agrégats, on ne doit pas s'engager dans des techniques conservant et utilisant l'apparence des objets dont on médite la vacuité. Le *système des tantra* consiste à s'entraîner particulièrement à conserver l'apparence du corps divin, tout en comprenant sa vacuité d'existence intrinsèque. Là aussi, il est important de savoir faire la différence. Et comme la conscience, tout en se visualisant en corps divin, appréhende et comprend aussi la vacuité d'existence intrinsèque de ce corps, on dit que c'est le facteur de la conscience-sagesse réalisant la vacuité qui apparaît en déité.

Tantra-yoga supérieur

Le *tantra-yoga supérieur* propose un moyen encore plus profond pour rendre indifférenciable l'entité *méthode* et *sagesse* : la concentration sur des constituants physiques et mentaux plus subtils (*l'énergie* ou *l'air très subtil*, et *l'esprit très subtil*), qui eux-mêmes constituent une entité indivisible. Cette pratique exige de neutraliser obligatoirement les niveaux les plus grossiers des *airs* et de l'*esprit* ; pour cela, le tantra-yoga supérieur propose de nombreuses techniques consistant à se concentrer sur certains endroits spécifiques du corps. Ce sont les pratiques dites des *canaux*, des *airs*, ou *énergies internes* et des *gouttes* (*de fluides*).

Le développement de la *vue supérieure* (*vipashyana*) nécessite, en général, la *méditation analytique*, mais grâce à ses techniques particulières, le tantra-yoga supérieur met l'accent sur l'*absorption méditative* pendant le développement de la *vue supérieure* (*vipashyana*). Dans les niveaux de conscience les plus grossiers, la compréhension est issue de l'analyse et de l'investigation, mais quand une personne arrive à produire volontairement des niveaux de conscience plus subtils par le pouvoir du yoga (en dehors de leur apparition naturelle sous l'effet du karma, comme par exemple au moment de la mort), ces consciences subtiles, qui se manifestent lorsque les niveaux grossiers ont été neutralisés, ont une totale capacité de compréhension. S'engager à ce moment-là dans l'analyse aurait pour effet la disparition du niveau subtil de l'esprit et la réapparition du niveau grossier. Dans la mesure où la présence du niveau subtil de l'esprit est incompatible avec l'analyse, il est recommandé, pour que l'esprit atteigne la capacité de *compréhension profonde*, de ne pas recourir à l'analyse au cours de la pratique de l'*absorption méditative*.

Le mode de méditation du tantra-yoga supérieur offre deux systèmes principaux pour *réaliser le corps de Bouddha* : la concentration sur l'*air très subtil* et l'*esprit très subtil*, et la concentration sur le seul *esprit très subtil*. Dans la plupart des tantra supérieurs des *écoles de traductions nouvelles*, telles que Gouhyasamaja, Chakrasamvara, etc., l'accent est mis à la fois sur l'*esprit très subtil* et le *corps très sub-*

til, afin d'obtenir le *corps de Bouddha*. Cependant, dans le *tantra de Kalachakra*, l'accent est mis uniquement sur l'*esprit très subtil* et, également, dans la pratique du *mahamoudra* et du *dzogtchen* l'accent porte principalement sur l'*esprit très subtil*.

D'un autre point de vue, il est dit que parmi les tantra supérieurs certains se concentrent sur les canaux, airs et gouttes pour que se manifeste l'esprit de *claire lumière fondamentale innée* ; d'autres font se manifester cette *claire lumière* en s'appuyant uniquement sur un état non conceptuel sans se concentrer sur les canaux, airs et gouttes. Parmi les premiers, certains *tantra* mettent particulièrement l'accent sur le yoga des airs, comme par exemple le tantra de Gouhyasamaja, d'autres insistent plus particulièrement sur les *quatre joies*, comme le tantra de Chakrasamvara. Le *mahamoudra* et le *dzogtchen* sont parmi ceux qui manifestent la *claire lumière fondamentale* en maintenant un état non conceptuel.

Avant de s'engager dans la *pratique des mantra* (*tantra*), il faut recevoir une initiation et, après l'avoir reçue, il est important de respecter les engagements et les vœux qui ont été prononcés. Au cours d'une initiation une personne transmet à une autre une lignée de bénédictions. Des bénédictions peuvent aussi être obtenues par la lecture de livres et par d'autres moyens, mais celle reçue du continuum mental d'une personne vivante est préférable, car ses bienfaits sont plus puissants dans l'esprit. C'est pour cette raison que dans le *mantra secret* les lamas sont très hautement considérés. Nous avons déjà parlé des précautions à prendre avant d'accepter quelqu'un comme lama. Ici, je veux juste ajouter ceci : il est dit que lorsque les pratiquants n'ont pas une pratique correcte, cela présage la dégénérescence de la religion.

Les déités tantriques

Bien que le bouddhisme ne reconnaisse pas la notion du Dieu créateur, il présente, dans ses nombreuses formes d'initiation et ailleurs, une grande quantité de déités. Pourquoi est-ce ainsi ? Comme je l'ai dit précédemment, dès le début de la *pratique des bodhisattva*, on souhaite et on tend à réaliser les *corps formels d'un Bouddha* pour le bien des êtres, afin de pouvoir apporter une aide vaste et efficace aux êtres vivants. Dans la *bouddhéité*, les *corps formels* apparaissent spontanément, sans effort, pour venir en aide à autrui. Tout comme l'image de la lune se reflète dans tout ce qui a la capacité de la réfléchir, les apparences spontanées et automatiques des *corps formels* d'un Bouddha ont besoin d'êtres à qui apparaître. Que cette réflexion soit claire ou évanescente, grande ou petite, etc., ne dépend que des êtres dans lesquels elle se reflète. Semblablement, les couleurs, les tailles, les aspects des corps formels apparaissent sans effort, spontanément, aux disciples en fonction de leurs intérêts, dispositions, croyances, besoins, etc.

En ce sens, les déités des trois *tantra inférieurs* apparaissent avec des formes qui utilisent les cinq objets agréables du royaume du désir (formes et objets visibles, audibles, olfactifs, gustatifs et palpables), mais n'utilisent pas les qualités agréables de l'union des organes masculins et féminins. Pour les disciples qui ne peuvent pas utiliser sur la *voie* les objets plaisants du *royaume du désir*, le *corps formel* de Bouddha apparaît comme un *corps de suprême émanation* sous l'aspect d'un moine, comme l'a fait le Bouddha Shakyamuni.

Aux personnes qui ont la disposition et la capacité de pratiquer le tantra-yoga supérieur, et dont les facultés sont pleinement activées, les corps formels se manifestent sous l'aspect de déités masculines et féminines en union. A ceux qui sont capables d'utiliser sur la *voie* le facteur de l'*aversion*, les corps formels apparaissent sous leur aspect courroucé, et à ceux qui sont particulièrement capables d'utiliser sur la *voie* l'*attachement*, ils apparaissent sous leur aspect paisible. Les corps de la forme apparaissent en fonction du disciple, sous un aspect ou un autre.

Tel Bouddha peut apparaître en une seule déité, mais aussi manifester simultanément bien des émanations. Par exemple, Gouhyasamaja se manifeste en trente-deux déités dans un *mandala* : il n'y a pas trente-deux personnes pour autant, mais une seule personne réelle, les autres étant ses émanations. Ainsi, parmi les légions de déités, beaucoup ne sont que des émanations ou des réflexions d'un seul être.

La Vue dans les quatre écoles du bouddhisme tibétain

Quand on utilise le terme *vue*, il est important de déterminer sa signification en fonction du contexte. De la même façon que le mot « sensation » peut signifier à la fois ce qui ressent et ce qui est ressenti, le mot *vue* peut se référer soit à la conscience qui voit, soit à l'objet qui est vu. Dans le tantra-yoga supérieur, *vue* est principalement utilisé en référence à ce qui voit, à la conscience qui perçoit. Dans cette présentation spécifique, bien qu'il n'y ait pas de différence par rapport à la vacuité, il y en a une par rapport au sujet : la *conscience de la grande félicité* qui comprend la vacuité. Ainsi, par rapport à la vacuité qui est *vue*, Sakya Pandita (1182-1251) indique que *soutra* et *tantra* ont la même *vue*, et beaucoup de textes *guélougpa*, de la même façon, parlent des *soutra* et *tantra* comme ayant la même vue, c'est-à-dire le même objet saisi : la vacuité.

Cependant, dans l'école *sakyapa* quatre vues différentes sont exposées selon les *quatre initiations du tantra supérieur*. La *vue de l'initiation du vase*, la *vue de l'initiation secrète*, la *vue de l'initiation de la sagesse* et la *vue de l'initiation du nom*. De la même façon, des textes de l'école *guélougpa*, tels que *la grande exposition des systèmes philosophiques* (*Droupta Tchenmo*) de Kunkyen Jamyang Shepa, expliquent la supériorité des *vues* du *tantra-yoga supérieur* en référence au sujet qui comprend, c'est-à-dire *la sagesse de la grande félicité*. Par conséquent, quand des érudits expliquent qu'il n'y a pas de différence de *vues* entre soutra et tantra, ils parlent de l'objet qui est compris, la vacuité, puisque soutra et tantra ne diffèrent pas par rapport à lui. Lorsqu'ils disent cependant que soutra et tantra ont des *vues* différentes, ils parlent de la conscience qui perçoit la vacuité, puisque les tantra-yoga supérieurs exposent des niveaux d'esprit plus subtils qui réalisent la vacuité d'une façon plus puissante. Les textes *kagyupa* et *nyingmapa* expliquent de façon similaire que la *vue* des tantra est supérieure à celle des soutra. Toutes se réfèrent à un type d'esprit spécial subtil.

Des textes *sakyapa* présentent une *vue* de l'indifférenciabilité de l'existence cyclique et du nirvana, exposée en termes de *continuum causal* qui est *base de tout*. Il y a de légères différences d'explications du *continuum causal base de tout*, entre les pandits indiens et à l'intérieur même de l'école *sakyapa*, mais généralement cette notion se rapporte à la nature réelle de l'esprit. Dans une autre perspective, les *tantra du Gouhyasamaja* parlent de disciples différents selon leurs capacités, le supérieur étant appelé *Personne semblable au joyau*. Celui-ci, homme ou femme, est décrit comme le *continuum causal qui est base de tout*.

Chez les *sakyapa*, le *continuum causal base de tout* est identifié par le grand érudit Mangtheu Lhoudroup Guiatso comme l'*esprit fondamental et inné* de la *claire lumière*. Une autre interprétation chez les *sakyapa* l'identifie à l'ensemble des agrégats impurs et des sphères sensorielles de la personne. Il est aussi expliqué que dans le *continuum mental qui est base de tout* :

1. Tous les phénomènes de l'existence cyclique sont *accomplis* en termes de nature.

2. Tous les phénomènes du chemin sont *accomplis* en termes de qualités.

3. Tous les phénomènes appartenant à l'état de Bouddha sont *accomplis* en termes d'effets.

En ce qui concerne l'égalité de l'existence cyclique et du nirvana, en fonction des soutra, Nagarjuna explique dans les *Yuktisastikakarika* (*Soixante Stances de raisonnement*) :

> « L'existence cyclique et le nirvana,
> tous deux n'existent pas (de façon inhérente).
> C'est seulement *ce qui est connaissance de l'existence cyclique* qui est appelé *nirvana*. »

Selon l'explication des soutra, la *réalité* – dans laquelle les souffrances et les sources de souffrance sont éliminées par celui qui a complètement compris la signification de l'absence d'existence inhérente de l'existence cyclique – est *nirvana*. Dans une des présentations *sakyapa*, l'égalité de l'existence cyclique et du nirvana considère les phénomènes impurs des agrégats physiques et mentaux comme existant primordialement en tant qu'agrégats physiques et mentaux purs. Quatre *mandala* sont présentés comme base : les *canaux du corps*, les *airs*, les *gouttes de fluide essentiel* et les *lettres* ; ceux-ci sont vus comme entités des *quatre corps d'un Bouddha*.

Selon l'explication de Mangtheu Lhoudroup Guiatso, tous les phénomènes de l'existence cyclique et du nirvana doivent être considérés comme l'exhibition (jeu) ou réflexion de l'esprit inné et fondamental de claire lumière, par le fait qu'ils ont tous le même goût dans la sphère de la claire lumière. Ceci est la vue de l'indifférenciabilité de l'existence cyclique et du nirvana, et celle-ci a pour base l'esprit fondamental.

Dans l'école *kagyupa*, la méditation du *mahamoudra* est effectuée au moyen des quatre yoga : *en un seul point, non conceptuel, saveur unique* et *non méditatif*. Les deux premiers sont communs à la *voie des soutra* ; grâce au *yoga en un seul point*, on obtient le *calme mental* ; avec le *yoga non conceptuel*, on réalise la *vue supérieure* sur la vacuité ; grâce au *yoga du goût unique*, on acquiert une *vue supérieure extraordinaire*, dans laquelle tous les phénomènes existants sont perçus avec un goût unique dans la sphère de l'esprit inné de claire lumière. Quand cette pratique spécifique au tantra accroît sa puissance, elle devient le *yoga non méditatif*. Comme le dit Nagarjuna dans ses *Cinq Stades*, traité consacré au *tantra de Gouhyasamaja*, quand quelqu'un atteint le stade d'union du corps pur et de l'esprit pur, il n'y a plus rien de nouveau à apprendre.

À propos du *mahamoudra*, il est dit :

« L'esprit même est le Corps de Vérité inné,
Les apparences sont les vagues du
Dharmakaya inné. »

L'esprit même, ou esprit de base, est le Dharmakaya inné – l'esprit fondamental de claire lumière. Toutes les apparences pures et impures sont le jeu de ce corps de vérité ; elles naissent de l'esprit fondamental de claire lumière. Chez les guélougpa, il ne serait pas correct de dire qu'une *vue* comme celle du mahamoudra est la même que celle des madhyamaka, même si on peut dire qu'elle est une vue *spéciale* du madhyamika. On trouve, chez les guélougpa, cette vue spéciale dans les méditations sur la vue du madhyamika combinées au tantra-yoga supérieur. Selon cette perspective, l'union de la *félicité* et de la *vacuité* dans la présentation guélougpa du tantra-yoga supérieur, et en particulier l'union innée de la *félicité* et de la *vacuité*, sont les mêmes que dans le mahamoudra. Les textes guélougpa sur les soutra, et même sur les tantra, mettent l'accent sur la *vue* en tant qu'objet vu (compris), c'est-à-dire la vacuité. Cependant, leurs textes tantriques parlent fréquemment de la *vue* en termes de sujet, de ce(lui) qui perçoit la vacuité. Il est également expliqué que tous les phénomènes purs et impurs, tout en étant jeu (manifestation) de la vacuité, sont aussi le jeu (manifestation) du sujet, de la conscience qui perçoit, de l'esprit inné de claire lumière. Comme Nagarjuna l'expose dans ses *Cinq Stades* :

> « Le yogi, pendant qu'il demeure en la médita-
> tion semblable à une illusion,
> (Doit considérer) toute chose de cette manière. »

Le yogi, alors qu'il demeure en la méditation semblable à une illusion, s'entraîne à voir tous les phénomènes qui lui apparaissent et qui surgissent – l'environnement et les êtres qui l'habitent –

comme le jeu de la méditation semblable à une illusion.

Dans la vue du *dzogtchen*, l'explication est très différente, même si ce qui est visé est exactement identique. Ma source est essentiellement le grand érudit et grand yogi Do Drouptchen Djikmé Tenpé Nyima. Pour le *dzogtchen*, la référence fondamentale est l'*esprit primordial et inné* de la claire lumière qui est appelé *conscience ordinaire*. Il fait la différence entre l'*esprit* (*sems*) et l'*esprit fondamental* (*rigpa*), la conscience ordinaire se référant à ce dernier.

Chez les nyingmapa, le tantra-yoga supérieur est divisé en trois catégories : *mahayoga*, *anuyoga* et *atiyoga*. Atiyoga, ou *dzogtchen*, est lui aussi divisé en trois : *section de l'esprit*, *section des sphères* et *section des instructions*. Comme l'explique Do Drouptchen Djikmé Tenpé Nyima, tous les textes du tantra-yoga supérieur dans toutes les *écoles de traductions nouvelles* (*sarmapa*) et les *écoles de traductions anciennes* (*nyingmapa*) n'enseignent que la pratique de l'*esprit fondamental inné de claire lumière*. La différence provient du fait que les autres systèmes, dans les stades initiaux de la pratique, font usage de multiples pratiques utilisant la conceptualisation, grâce à laquelle est tracée la route qui mène à la manifestation de l'*esprit inné fondamental de claire lumière*, alors que le *dzogtchen*, dès le début, accorde peu d'attention à la conceptualisation et met l'accent sur l'*esprit fondamental* en relation avec les *instructions*.

C'est pour cela que l'on dit qu'il est un enseignement libre d'effort.

Parce que le *dzogtchen* insiste fortement sur l'*esprit primordial inné de claire lumière*, il a une présentation originale des deux vérités, appelées les *deux vérités spéciales*. De façon grossière, on peut dire que ce qui est fondamental et inné est la vérité ultime, et tout ce qui lui est accessoire (adventice) est vérité conventionnelle, relative. Dans ce sens, l'*esprit fondamental inné de claire lumière* est vide de toutes les vérités conventionnelles qui sont des phénomènes accessoires, et ainsi il est une « vacuité d'altérité », c'est-à-dire vide de ce qui est autre. De ce fait l'*esprit fondamental inné de claire lumière* a une nature de pureté essentielle et donc ne va pas au-delà de la nature de la vacuité d'existence inhérente qui est exposée dans la *Roue médiane* des Enseignements du Bouddha.

Parce que cette vacuité d'altérité est exposée en compatibilité entre la vacuité d'existence inhérente de la *Roue médiane* et la nature de Bouddha présentée dans la *troisième Roue*, certains disent que c'est une « bonne » vacuité d'altérité, et ils appellent « mauvaise » une vacuité d'altérité qui se focalise seulement sur la nature de Bouddha en ne suivant pas la *Roue médiane* qui n'accepte pas que la nature de Bouddha existe de façon inhérente. De cette manière, beaucoup d'érudits qualifiés de toutes les écoles du bouddhisme tibétain – nyingmapa, sakyapa, kagyupa et guélougpa – ont réfuté une vacuité d'altérité qui présente une vérité ultime existant de façon inhérente et qui considère la vacuité d'existence inhérente comme une autovacuité à réfuter.

Dans un Enseignement oral, le grand lama Khyentsé Djamyang Tcheu Kyi Lodreu explique que quand le grand maître nyingmapa Longtchen Radjampa présente la base, la voie et ses résultats, il le fait principalement selon l'état d'Éveil d'un Bouddha, tandis que les sakyapa le font par rapport à l'expérience spirituelle d'un yogi sur la voie, et les guélougpa par rapport à la façon dont les phénomènes apparaissent aux êtres humains ordinaires. Ce point de vue est très précieux, et il permet d'éliminer beaucoup d'incompréhensions.

Obtention
de l'État suprême de Bouddha

Dans les systèmes qui mettent l'accent à la fois sur l'air et l'esprit, est obtenue l'union d'un corps pur et d'un esprit pur – le *corps illusoire* et la *claire lumière* – en fonction de quoi l'État de *Bouddha* pleinement efficient pour aider autrui est réalisé. Selon le système particulier des tantra féminins, l'état de *Bouddha* est obtenu au moyen d'un corps arc-en-ciel. Dans le *Kalachakra*, qui insiste plus particulièrement sur l'esprit, l'état de *Bouddha* est réalisé par l'union d'un corps de forme vide et de la grande félicité immuable. Chez les nyingmapa du *dzogtchen*, qui insistent également sur l'esprit, en amenant à maturité quatre niveaux d'apparences, tous les facteurs grossiers de notre corps sont consumés, et encore plus que dans le système des *tantra* féminins, un corps arc-en-ciel de grand transfert est obtenu.

Toutes ces émanations de sagesse et de compassion produites dans le but d'aider autrui se libèrent de la ronde des souffrances, du cycle des existences, impulsés par l'*ignorance initiale*.

Glossaire

Absolue, autogène, intrinsèque : voir « Existence intrinsèque ».

Agrégats : c'est le groupe des cinq composants psychophysiques qui constituent un être ; la forme, la sensation, la perception, les formations mentales et la conscience.

Analyse : analyse recherchant une nature en-soi, une entité.

Arhat : « celui qui a vaincu les ennemis », c'est-à-dire qui a définitivement rejeté les facteurs perturbateurs (*klésha*) et a donc obtenu la libération du *samsara*. On distingue trois sortes d'*arhat* : *shravaka*, *pratyékabouddha* et *Bouddha*. Ils se distinguent les uns des autres par leurs réalisations et par l'étendue des actions à l'intention des êtres.

Boddhicitta : voir « Esprit d'Éveil ».

Bodhisattva : on devient *bodhisattva* quand on réalise l'esprit d'Éveil spontané et que désormais on consacre toute son énergie à l'obtention de l'état de *Bouddha* en vue de pouvoir accomplir le bien de tous les êtres – les autres et soi-même.

Bouddha : Bouddha historique Shakyamuni qui naquit au Ve siècle avant Jésus-Christ.

Bouddha : ce terme désigne l'état de perfection, qui correspond à l'élimination totale de tous les défauts et obstacles et à l'épanouissement de toutes les qualités. Ceux qui ont obtenu cet état sont appelés *Aryabouddha,* ou *Bouddha* par abréviation. Voir « État de *Bouddha* ».

Calme mental : voir « *Shamatha* ».

Chandrakirti : philosophe *prasanguika* du VIIe siècle, auteur du *Madhyamikavatara* et du *Prasannapada.*

Chittamatra (*école de l'esprit seul*) : système philosophique du *mahayana* enseigné par le Bouddha lors de la *troisième Roue* du *Dharma* et selon lequel tout existant n'est jamais que la nature de l'esprit, ce qui signifie qu'il n'existe pas de phénomène « extérieur ».

Claire lumière : expression de la bouddhéité.

Collection transitoire : saisie du soi acquise portant sur soi-même.

Compassion : ressentir comme intolérable la souffrance d'un ou de plusieurs êtres.

Grande compassion : compassion s'étendant à tous les êtres sans exception, sans aucune partialité. On réalise la *grande compassion* quand on estime insupportable la souffrance de tous les êtres sans exception, et on prend l'engagement de la *grande compassion* quand on décide de personnellement faire en sorte de délivrer tous les êtres de la souffrance et de ses causes.

Conscience : esprit. Les deux termes se confondent souvent en français. La sémantique tibétaine ne souffre pas de ces ambiguïtés, mais elle est difficile à rendre en notre langue.

Contaminé : voir « Pur ou impur ».

Corps d'un *Bouddha* : deux aspects : physique (sanskrit : *rupakaya*) ; mental et ultime (sanskrit : *dharmakaya*).

Cycle des existences (*samsara*) : le *samsara* n'est en aucun cas un lieu ; c'est un mode d'existence. On le définit de deux manières, équivalentes :

1. Ce sont les quatre ou cinq agrégats souillés (par les *klésha*) constituant les êtres autres qu'*arhat* et *Bouddha* (agrégats de la forme, de la sensation, de l'identification, des formations, de la conscience).

2. C'est le fait de naître et mourir sans liberté, car soumis à l'emprise des *karma* et surtout des *klésha*, à commencer par l'ignorance. Cycle répétitif des morts et des renaissances, chargé

de souffrance et d'insatisfaction, dont la cause est la méconnaissance de la vraie nature de la réalité.

Défavorable, négatif, non vertueux : ce qui entraîne un résultat désagréable, pénible.

***Déva* :** un dieu ; un être résidant dans les royaumes divins, la plus haute des six sphères de l'existence cyclique.

***Dharma* :** le *Dharma* ultime, ou Joyau du *Dharma*, comporte la noble vérité de la cessation et la noble vérité du chemin, c'est-à-dire les qualités appartenant au continuum mental des *arya*. Il est le véritable refuge, puisqu'il libère du *samsara*. Le *Dharma* conventionnel revient à l'Enseignement dispensé par le Bouddha, qui explique comment réaliser le *Dharma* ultime.

Dharmakirti : philosophe *chittamatra* du VIIᵉ siècle, auteur de *Pramanavartika*.

Dix non-vertus : dix actes négatifs les plus puissants.

Douze liens d'interdépendance : enseignement de la *première Roue* du *Dharma*. Les douze liens sont les facteurs qui déterminent nos naissances et morts répétées et subies. Y mettre un terme revient à obtenir la libération. Ce sont : l'ignorance initiale, les formations karmiques, le nom et la forme, les bases de connaissance, le contact, la sensation, la soif, la saisie, le devenir (*karma* à maturité), la naissance, la vieillesse et la mort.

Dzogtchen (tibétain : *rdzogs-chen*) : « grand achèvement » ; tradition *nyingmapa* (tibétain : *rnying-ma-pa*).

Écoles de traductions anciennes : nyingmapa.

Écoles de traductions nouvelles : kagyupa, sakyapa et guélougpa.

Pratique des trois entraînements : voir « Instructions (trois) ».

Éon (sanskrit : *kalpa*) : ère cosmique. La cosmologie bouddhiste affirme que le monde est soumis à un cycle alternatif de formations et de désagrégations. Chaque cycle est constitué des quatre phases indiquées.

Esprit : succession d'instants de conscience donnant l'apparence d'une continuité. Le terme bouddhique traduit par « esprit » est extrêmement large. Il recouvre tout ce qui relève du mental, spirituel inclus (perceptions, émotions, sentiments, etc.). Voir « Conscience ».

Esprit-base-de-tout : conscience réceptacle des empreintes selon une des écoles *chittamatra*.

Esprit très subtil : quand l'esprit très subtil devient sagesse supérieure comprenant la vacuité, il détient le pouvoir de dissiper les voiles (voir « Voile des facteurs perturbateurs ») ; mais, chez les êtres ordinaires, bien qu'il existe, il ne réalise pas la vacuité.

Esprit d'Éveil (sanskrit : *boddhicitta*) : détermination désormais ressentie de manière continue et spontanée à soi-même devenir *Bouddha* (voir « État de *Bouddha* ») afin de pouvoir accomplir le bonheur de tous les êtres quels qu'ils soient.

État de *Bouddha* : état atteint lorsque l'on s'est définitivement débarrassé des moindres lacunes et imperfections et que l'on a parachevé toutes les qualités.

Éveil : l'Éveil du *hinayana* revient à l'état d'*arhat* et celui du *mahayana* à celui de *Bouddha*.

Existence intrinsèque : l'objet ou l'existant semble exister en soi, par soi-même. Apparence d'existence absolue, mode d'être apparent. Selon l'école *prasanguika*, les objets ne dépendent pas que de leurs caractéristiques propres. Existence paraissant indépendante de causes et de conditions. S'oppose au phénomène, à l'existant, produit par des causes et des conditions.

Extrêmes : au-delà ou en deçà de la réalité.

Facteur mental de volition : facteur mental dont la propriété est de mouvoir le mental qu'il accompagne, de le diriger vers l'objet. Voir aussi « *Karma* ».

Facteurs mentaux : catégories de l'esprit (cinquante et une divisions).

Facteurs perturbateurs : voir « *Klésha* ».

Favorable, positif, vertueux : ce qui entraîne un résultat agréable.

Foi : facteur mental qui se présente sous la forme soit de l'émerveillement, soit de la conviction, soit de l'émulation. La foi sert de support à la volonté.

Grand véhicule (sanskrit : *mahayana*) : l'une des deux voies bouddhiques qui prônent l'altruisme. Voir « *Mahayana* ».

***Hinayana* « petit véhicule » :** exposé par le Bouddha au travers de la *première Roue* du *Dharma*, il concerne les personnes qui aspirent à la libération personnelle – c'est-à-dire les *shravaka* et les *pratyékabouddha* –, qui recherchent l'état d'*arhat*.

Illumination : Éveil.

Les trois instructions : l'éthique, la concentration et la sagesse.

Kalachakra : un des tantra exposés par le Bouddha.

Karma : la notion de *karma* est l'une des plus
importantes dans le bouddhisme, mais aussi des
plus complexes. On distingue trois catégories de
karma :
– Les *karma* de nature mentale : le facteur mental
volition qui assure la mobilité de l'esprit, lui permettant de se diriger vers tout objet.
– Les *empreintes karmiques* : les potentialités
dans l'esprit par les *karma* mentaux, qui produisent des résultats (plaisants, pénibles ou neutres)
dès que les conditions sont réunies.
– Les *karma* apparentés à la forme, physiques ou
oraux. Ils ne sont admis que par les *vaibhashika*
et les *prasanguika*.

Karma volitifs : karma purement mentaux.

Karma voulus : karma mentaux concomitants
avec des activités physiques ou orales.

Klésha, « facteur perturbateur » (sanskrit : *klésha* ; tibétain : *nyon-mong*) : un *klésha* est un
facteur mental qui, lorsqu'il se manifeste en quelqu'un, détruit sa paix intérieure et crée un désé-
quilibre. Il peut être nocif à court ou à long
terme. Exemples : attachement, colère, jalousie,
mais aussi ignorance, torpeur ou intelligence
dévoyée. Le *voile des facteurs perturbateurs* est un
obstacle majeur à l'obtention de la libération.

Lama : maître, gourou, pouvant être moine ou laïc. Guide et ami spirituel.

Libération : se libérer du *samsara* signifie se libérer de la souffrance grâce à l'élimination de ses causes premières : les *klésha*.

Madhyamika (*voie du milieu*) : école la plus élevée du système philosophique du *mahayana*. Ainsi nommée car elle évite les extrêmes du nihilisme et de la croyance à la réalité des phénomènes. Voir aussi « *Prasanguika* ».

Mahamoudra : « grand sceau » ; tradition plus spécifiquement kagyupa.

Mahayana : « grand véhicule » ; exposé par le Bouddha avec les *deuxième* et *troisième Roues* du *Dharma*. Fondée sur la compassion, c'est la voie des *bodhisattva* déterminés à accomplir le bonheur de tous les êtres. Le *mahayana* comporte le *paramitayana,* le « véhicule des perfections » – fondé sur les soutra – et le *vajrayana,* le « véhicule adamantin » – qui ajoute aux soutra les tantra.

Maitreya : prochain Bouddha à venir.

Mandala : il existe quatre sortes de mandala : en sables colorés ; peints sur du tissu ou du bois ; de méditation (créés en pensée par le méditant) ; du corps (spécifique à l'*anouttarayogatantra*). Offrande symbolique du monde qui se fonde sur les descriptions de l'Abhidharma. Les méditants s'aident d'une représentation matérielle qui comporte une base en métal ou en bois, etc., ainsi que du riz ou des coquillages, etc.

Mandjoushri : Bouddha de la sagesse.

Marques majeures et mineures du corps de *Bouddha* : trente-deux signes principaux et quatre-vingts marques secondaires.

Accumulation de mérites : accumulation de karma favorables (positifs).

Méthode et sagesse : ce sont les deux composantes du *mahayana* ; toutes les qualités et bonnes œuvres (*karma*) d'une part, et la sagesse d'autre part, notamment sous la forme de la compréhension directe de la vacuité. Vastes et profondes, elles définissent souvent ces deux facettes du *mahayana*.

Nagarjuna et Asanga : maîtres *prasanguika* auxquels on doit les traités fondamentaux des deux systèmes philosophiques du *mahayana* : *madhyamika* et *chittamatra*.

***Nirvana* :** « au-delà de la souffrance ». Se réfère à l'état d'*arhat*. Dans un sens plus général, il peut inclure la bouddhéité complète.

Omniscience : l'une des qualités caractéristiques des *Bouddha*.

Six perfections (sanskrit : *paramita*) : générosité, éthique, patience, enthousiasme, concentration et sagesse.

Phénomènes : objets perçus par la conscience.

Trois poisons mentaux : ignorance, attachement et aversion.

Prasanguika : système philosophique du *mahayana*, sous-école du système *madhyamika*, enseigné par le Bouddha lors de la *deuxième Roue* du *Dharma* et selon lequel il n'est pas un existant qui soit établi de par ses propres caractéristiques.

Pratiquants du bouddhisme : les pratiquants entrés sur la voie spirituelle sont de trois sortes : les *shravaka* et les *pratyékabouddha* relèvent du *hinayana* ; les *bodhisattva* œuvrent pour le bonheur de tous les êtres sans exception et recherchent l'état de *Bouddha*. Les trois groupes se distinguent par l'ampleur plus ou moins grande de leurs mérites respectifs.

Pratyékabouddha : « réalisateur solitaire » ; adepte du petit véhicule qui atteint le nirvana en vivant en solitude.

Prendre refuge : attitude consistant à se tourner vers quelque chose ou quelqu'un pour être protégé. La *prise de refuge*, qui est la caractéristique du bouddhisme, consiste à placer toute sa confiance dans les *Trois Joyaux* – *Bouddha*,

Dharma et *Sangha* –, de manière à être protégé de la souffrance au travers d'eux.

Préta : être vivant dans le royaume des esprits affamés, un des six royaumes de l'existence cyclique dans lequel les souffrances principales sont la faim, la soif et la frustration.

Pur ou impur : entaché ou non par les facteurs perturbateurs. Synonyme : contaminé, souillé, corrompu.

Refuge : voir « Prendre refuge » et « Trois Joyaux ».

Tourner la Roue de la Loi : activité du Bouddha consistant à donner des enseignements.

Première Roue du *Dharma* : elle correspond à l'Enseignement du *hinayana* et elle comporte deux systèmes philosophiques : *vaibhashika* et *sautrantika*.

Deuxième Roue du *Dharma* (Roue médiane) : lors de laquelle furent exposées les vues *madhyamika*.

Troisième Roue du *Dharma* : lors de la *troisième Roue*, le Bouddha a également enseigné le *mahayana*, et il a exposé les vues *chittamatra*.

Royaumes de la forme et de la non-forme (royaume sans forme) : classes d'existences moins soumises au désir : dieux (*déva*) et demi-dieux (*asura*).

Royaumes du désir : six classes d'existences : êtres des enfers, esprits affamés, animaux, humains, demi-dieux et dieux.

Saisie ou préhension : forme d'attachement. En tant que neuvième lien, facteur qui porte à maturité le ou les *karma* qui vont provoquer la prochaine renaissance.

Saisie du soi (tibétain : *bDag-'dzin*) : traduit par « saisie du moi » ou « saisie du soi ». Il s'agit de la perception erronée qui voit l'objet (soi-même ou les autres phénomènes) comme une entité autogène, indépendante de causes et de conditions.

Samadhi : état de concentration élevé.

Samkhya : système philosophique hindouiste.

Samsara : voir « Cycle des existences ».

Sangha : au sens ultime (Joyau du *Sangha*), tout *arya* est *sangha*, c'est-à-dire tout être ayant obtenu la compréhension directe du non-soi. Le *sangha* conventionnel existe dès que sont réunies quatre personnes observant au minimum les cinq vœux religieux fondamentaux.

Sautrantika : système philosophique du *hina-yana*, enseigné par le Bouddha lors de la *première Roue* du *Dharma*, qui admet la notion de non-soi, mais pas celle de vacuité, et accorde une existence intrinsèque aux phénomènes composés.

Shamatha : niveau relativement élevé de concentration, recherché par les hindouistes et les bouddhistes. Il suppose d'avoir écarté cinq obstacles majeurs, dont la distraction et la mollesse mentale, et permet de poursuivre une méditation des jours durant sans ressentir la moindre gêne. Si le calme mental est une qualité nécessaire pour viser des stades plus élevés, il risque de se dégrader et même d'être perdu s'il n'est pas allié à d'autres qualités comme la compréhension du non-soi.

Shantidéva : maître indien du VIIe siècle, auteur du *Bodhisattva charyavatara*.

Shravaka : voir aussi « *Bodhisattva* ». Disciple adepte du petit véhicule.

Soif : forme particulière d'attachement portant sur les trois sortes de sensations : agréables, désagréables ou neutres.

Soutra* et *tantra : Enseignements du Bouddha. Les *soutra* exposent les méthodes générales de méditation qui permettent de développer le renoncement, la compréhension des quatre nobles vérités et des douze liens interdépendants, de réaliser l'esprit d'Éveil et de cultiver les six perfections. Sur cette base, les *tantra* proposent des méthodes spécifiques qui consistent à méditer en concrétisant la compréhension de la vacuité sous la forme d'une déité et de sa résidence.

Corbeille des soutra (*Soutrapitaka*) : Enseignement du Bouddha dont le sujet principal est la méditation.

Sphères : les trois sphères d'existence : à la surface de la Terre, au-dessus et en dessous.

Substantialistes : philosophes admettant que les (ou certains) phénomènes ont une existence substantielle, c'est-à-dire absolue, ou encore autogène. Parmi les bouddhistes, sont substantialistes les philosophes des écoles *vaibhashika*, *sautrantika* et *chittamatra*. Ne le sont pas ceux de l'école *madhyamika*.

Véhicule des *tantra* (*mantra*) : action, conduite, yoga et yoga supérieur.

Terres des *Bodhisattva* (*bhoumi*) : en parallèle avec les dix perfections, dix degrés constituant la progression des *aryabodhisattva* au cours des chemins de la vision et de la méditation et débouchant sur l'état de *Bouddha*.

Trois Joyaux (*Bouddha, Dharma, Sangha*) : en tant que Trois Joyaux, le *Bouddha* est le guide qui indique la voie ; le *Dharma* consiste en les nobles vérités de la cessation et du chemin, c'est-à-dire les qualités qui permettent la suppression de toute souffrance ; le *Sangha* désigne les *arya*, c'est-à-dire les personnes qui ont la compréhension directe du non-soi et qui sont les modèles pour tout pratiquant bouddhiste.

Vacuité : notion admise dans le *mahayana*, avec des acceptions différentes selon les écoles philosophiques. Suivant le système *chittamatra*, la vacuité équivaut à l'absence d'altérité de substances entre sujet et objet. Selon le système *madhyamika*, la vacuité équivaut à l'absence d'existence absolue. Synonymes : nature ultime, ainséité, etc.

Vaibhashika : système philosophique du *hinayana*, enseigné par le Bouddha lors de la *première Roue* du *Dharma*, qui admet la notion de non-soi mais pas celle de vacuité et attribue une existence absolue à tous les phénomènes.

Les deux vérités : la vérité relative et la vérité ultime. Chaque système philosophique en donne ses définitions.

Quatre nobles vérités : vérités de la souffrance, de son origine, de sa cessation et du chemin y menant. Enseignement de la *première Roue* du *Dharma*. Attention ! Ce ne sont pas les vérités qui sont nobles, mais bien ceux qui les pénètrent, autrement dit les *arya* (parfois traduites par

« héros »), qui sont caractérisés par la compréhension directe du non-soi.

Vipashyana : voir « Vue supérieure ».

Voie : qualités spirituelles qui entraînent la libération, l'état d'*arhat*, puis l'état de *Bouddha*. Entrer sur la voie exige d'avoir auparavant réalisé le renoncement et de lui avoir allié l'aspiration à la libération individuelle (d'où entrée sur la voie du *hinayana*) ou l'esprit d'Éveil (d'où entrée sur la voie du *mahayana*). La voie comporte cinq chemins : de l'accumulation, de la préparation, de la vision, de la méditation et enfin le chemin « au-delà de l'entraînement », une fois qu'a été obtenu l'Éveil recherché.

Voile des facteurs perturbateurs : obstacle majeur à l'obtention de la libération.

Vue supérieure (*vipashyana*) : niveau relativement élevé de sagesse, pouvant permettre l'analyse approfondie de n'importe quel objet, et particulièrement efficace quand elle porte sur le non-soi.

Postface

Nous espérons que ce livre sera l'occasion d'un échange fructueux entre Orient et Occident. Pour qu'il se produise, il faut qu'une juste compréhension ait pu s'établir sur des notions fondamentales valides.

Le début de l'année 1996 a vu se présenter un cas de nette méprise. Dans son introduction à *L'Homme-Dieu, ou le sens de la vie*[1], Luc Ferry a présenté une critique des paroles du Dalaï-Lama et du bouddhisme, affirmant que ce dernier élude ou fait disparaître la question du sens, et qu'il est en contradiction lorsque, simultanément, il nie le soi et le prend pour référence.

Il ne nous appartient pas de discuter ici directement ces conclusions. Ce présent livre du Dalaï-Lama explicite de nouveau des notions qui les contredisent. Et notre objet principal est d'œuvrer sereinement à établir en langue française une juste compréhension des notions bouddhistes : cela prendra nécessairement du temps.

Ainsi, dans ce livre, certains passages – en particulier dans le dernier chapitre – ont été difficiles à

1. Éditions Grasset (pp. 31 à 33).

rendre en français. La raison principale en est que le Dalaï-Lama pose parfois des notions et, en quelques pages en fin d'ouvrage, un panorama complet des tantra du bouddhisme, que seuls des spécialistes ou des initiés peuvent pénétrer. Devant ces difficultés, nous avons opté pour le respect de la parole de l'auteur, même si elle présentait des problèmes de compréhension immédiate : cet enseignement sur les cycles des existences ne pouvait introduire à toutes les notions bouddhistes. C'est l'objet de l'ouvrage du Dalaï-Lama paru en français[1], qui a été conçu pour permettre une compréhension panoramique des notions fondamentales. *Le Monde du bouddhisme tibétain* est un ouvrage majeur par la qualité de sa rédaction qui fait référence aux États-Unis. À l'heure où ce texte-ci est imprimé, nous ignorons le style de traduction qui sera retenu pour ce second ouvrage aidé par la Gere Foundation. Nous espérons qu'une cohérence de formulation s'est heureusement présentée, ou pourra se trouver avec celui-ci.

La précision dans la traduction est primordiale : les efforts de compréhension de cette matière complexe et délicate gagneraient à reposer sur une harmonisation des travaux de présentation. Pour cet ouvrage-ci, les traducteurs se sont principalement référés aux travaux de sémantique accomplis par le lama Dagpo Rimpotché qui, arrivé en France en 1960, manie parfaitement notre langue et connaît très bien notre culture. Il est aussi le fondateur de la première et seule congrégation bouddhiste gué-

1. Aux Éditions La Table Ronde, Paris.

lougpa actuellement reconnue en France par le ministère de l'Intérieur.

Luc Ferry a probablement été égaré par des formulations imprécises ou des ouvrages périphériques, et nous ne lui reprochons nullement ce qu'il a donné à voir du bouddhisme. Nous le remercions même d'avoir ouvert le débat ; ses propos sont une réelle occasion d'avancer dans la compréhension mutuelle. D'autant que le thème essentiel de son livre, sa description du double mouvement d'humanisation du divin et de sacralisation de l'humain, et la question de la possibilité d'une sagesse ou d'une spiritualité laïques, sont parfaitement compatibles et complémentaires de la vue bouddhiste.

Cela n'est qu'un exemple des difficultés d'échanges d'idées philosophiques entre Orient et Occident, et de l'extrême prudence à adopter pour établir des rapports respectueux et fructueux. Il existe, bien sûr, des causes aux difficultés de compréhension du bouddhisme : eux-mêmes vastes et très riches, hinayana et mahayana sont des systèmes très élaborés, fondés sur différentes écoles philosophiques. Et pour porter une bonne appréciation, il est préférable de les avoir étudiés attentivement.

Quelques ouvrages présentent fidèlement le bouddhisme, mais il ne semble pas qu'ils aient eu d'influence véritable. Et, d'une manière générale, il nous apparaît qu'en France sa perception ne repose pas sur une base de compréhension minimale ni sur un consensus à propos des notions élémentaires. Le souhait d'Alliance Tibet-France est de pouvoir faciliter autant que possible toutes formes de conversations et d'échanges pour améliorer cette situation.

Ce qui est essentiel à considérer dans l'abord de la pensée tibétaine, c'est qu'elle ne se limite pas à une analyse intellectuelle. Pour que l'étude d'un quelconque objet de connaissance soit valide, la psychologie orientale recommande de se plonger dans une profonde introspection personnelle. Certes, la mise en pratique est difficile. Peu d'entre nous sont capables du courage immense et de la détermination absolue qui sont nécessaires. Mais être attentif à chaque instant, en vérifiant constamment les motivations qui nous animent, est une aide véritable : nous pouvons, par une pratique régulière, acquérir une plus grande clarté mentale et ressentir la chaleureuse ouverture de nos cœurs à un véritable humanisme.

L'enjeu est d'importance, car à travers la philosophie tibétaine on peut mieux comprendre l'Asie. Avec le temps, il devrait apparaître progressivement que les écoles tibétaines du bouddhisme recouvrent philosophiquement celles qui existent dans le monde, et donnent ainsi des clefs permettant de pénétrer les cultures influencées par lui. La Chine aussi est touchée par un renouveau de la spiritualité que ne peuvent plus ignorer les autorités communistes.

Notre propre culture peut s'enrichir et se développer par un meilleur contact avec l'Asie. La rationalité bouddhiste porte la réflexion à des profondeurs insoupçonnées, permettant de renouveler les possibilités de résolution des tensions de toute nature. Et son champ d'application est si vaste qu'il ne peut être détaillé ici : il est à découvrir et à préciser en chaque domaine.

Plus généralement, le monde occidental « en crise » peut judicieusement apprendre et trouver de nouvelles ressources par la philosophie orientale bien comprise.

Dans l'évolution mondiale, la langue et la culture françaises ont un rôle important à jouer : la France a toujours su procéder à une osmose subtile avec l'Asie.

Nous remercions les personnalités qui nous soutiennent cordialement sur cette voie d'un véritable humanisme universel.

Alliance Tibet-France est à la disposition de chacun, individu, groupe ou institution, pour échanger, informer et étudier tout développement.

Alliance Tibet-France,
Paris

4977

R.I.D. Composition - 91400 Gometz-la-Ville
Achevé d'imprimer en Europe (France)
par Maury-Eurolivres - 45300 Manchecourt
le 10 juillet 2000.
Dépôt légal juillet 2000. ISBN 2-290-14977-2
1ᵉʳ dépôt légal dans la collection : septembre 1998.

Éditions J'ai lu
84, rue de Grenelle, 75007 Paris
Diffusion France et étranger : Flammarion